学车考证

速成宝典

第2版

陈甲仕◎主编

机械工业出版社
CHINA MACHINE PRESS

本书是根据2016年4月1号起实施的新版《机动车驾驶证申领和使用规定》（公安部139号令）编写的学车考证辅导教程，主要包括新驾考基本常识、汽车构造基础知识、基本操作以及科目一、科目二、科目三、科目四的考试辅导和模拟题等9章内容，帮助读者全面掌握学车考证的理论知识、驾驶技能和考试通关技巧。

本书从实际应用出发，内容全面丰富，具有图文并茂、易学易懂的特点，适合广大考证人员自学使用，同时也是汽车驾驶培训的必备教程。

图书在版编目（CIP）数据

学车考证速成宝典 / 陈甲仕主编 . —2 版 . —北京：机械工业出版社，2016.8
ISBN 978-7-111-54172-1

Ⅰ . ①学… Ⅱ . ①陈… Ⅲ . ①汽车驾驶－基本知识 Ⅳ . ① U471.1

中国版本图书馆 CIP 数据核字（2016）第 152008 号

机械工业出版社（北京市百万庄大街 22 号 邮政编码 100037）
策划编辑：杜凡如 连景岩 责任编辑：杜凡如 连景岩
责任校对：王 欣 陈 越 封面设计：马精明
责任印制：乔 宇
保定市中画美凯印刷有限公司印刷
2016 年 7 月第 2 版第 1 次印刷
145mm × 210mm · 6.375 印张 · 194 千字
0 001—4 000 册
标准书号：ISBN 978-7-111-54172-1
定价:39.90 元

凡购本书，如有缺页、倒页、脱页，由本社发行部调换

电话服务	网络服务
服务咨询热线：010-88361066	机 工 官 网：www.cmpbook.com
读者购书热线：010-68326294	机 工 官 博：weibo.com/cmp1952
010-88379203	金 书 网：www.golden-book.com
封面无防伪标均为盗版	教育服务网：www.cmpedu.com

前　言

随着人们生活水平的提高，汽车成为日常出行的主要交通工具，于是考取汽车驾驶证由过去的职业需求变为现代生活中的一项技能需求。为了让准备考驾驶证的人员能更好地了解汽车，掌握汽车基本驾驶技能和考试过程中的知识，顺利通过驾考，我们根据公安部139号令编写了本书来满足广大学员的学习需要。

本书的特色是帮助学员掌握考试要点及方法，明确扣分的项目，让学员做到现场考试时心中有数，力争一次性通过考试。全书共分为9章，以“步骤+图解”的独特方式进行内容编排，包括新驾考基本常识、汽车构造基础知识、基本操作以及科目一、科目二、科目三、科目四的考试辅导和模拟题等。

本书从实际应用出发，层次分明、条理清晰、内容翔实、图文结合，具有易学易懂、一看就会的特点，适合广大考证人员自学使用，同时也是汽车驾驶培训的必备教程，称得上是学车考证的贴心指导员。

本书由陈甲仕主编，参加编写的人员还有陈柳、黄容。在本书编写过程中，得到了许多汽车驾驶经验丰富的驾驶人以及广大驾驶培训机构的大力支持和协助，并参阅了大量的相关资料，在此表示诚挚的感谢！

由于编者水平有限，书中难免有不足之处，恳请广大读者批评指正，以便再版时补充完善。

编　者

目录

前言

第1章 新驾考基本常识 1

1. 通过驾校培训考驾照 2
2. 通过自学直考考驾照 6
3. 考试介绍和须知 11

第2章 科目一 道路交通安全法律、法规和相关知识考试辅导 18

1. 机动车驾驶证申领与使用规定 19
2. 机动车行驶必须遵守的法律法规 27
3. 道路交通违法行为处理的规定 39
4. 道路交通事故处理的规定 42
5. 道路交通安全违法行为的刑事法律责任 45
6. 交通信号灯常识 45
7. 交通标线常识 47
8. 交通标志常识 52
9. 交通警察指挥手势 63
10. 通行规则常识 65

第3章 汽车构造基础知识 68

1. 汽车基本构造 69
2. 汽车驾驶操纵装置 73
3. 车内仪表及指示灯 75
4. 汽车灯光 77

5. 汽车常用功能的按钮和开关........................79
6. 汽车油液的检查和添加........................81

第4章 科目一 考试模拟题 86

1. 科目一　考试模拟题（一）........................87
2. 科目一　考试模拟题（二）........................96

第5章 基本操作 106

1. 上下车的动作........................107
2. 转向盘的操作........................110
3. 加速踏板的操作........................111
4. 离合器踏板的操作........................112
5. 制动踏板的操作........................114
6. 变速杆的操作........................115
7. 驻车制动器的操作........................115
8. 调整座椅、靠背倾斜角度和头枕........................116
9. 调整后视镜........................117
10. 安全带的使用........................118
11. 正确的驾驶姿势........................119
12. 发动机起动和停熄........................119
13. 手动档汽车的加减档操作要领........................122
14. 自动档汽车的加减档操作要领........................124

第6章 科目二 场地驾驶技能考试辅导 126

1. 倒车入库........................127
2. 侧方位停车........................132
3. 坡道定点停车和起步........................135
4. 直角转弯........................137
5. 曲线行驶........................140

第7章 科目三 道路驾驶技能考试辅导 142

1. 上车准备 143
2. 起步 144
3. 靠边停车 146
4. 变更车道 148
5. 通过人行横道线 149
6. 超车 150
7. 路口左转弯 152
8. 直线行驶 153
9. 掉头 155
10. 加减档位操作 156
11. 路口右转弯 157
12. 会车 158
13. 通过学校区域 159
14. 直行通过路口 160
15. 通过公共汽车站 161
16. 夜间行驶 162

第8章 科目四 安全文明驾驶常识考试辅导 165

1. 安全文明驾驶操作要求 166
2. 恶劣气象条件道路驾驶 169
3. 复杂道路条件道路驾驶 173
4. 紧急情况临危处置 175
5. 交通意外处置常识 179

第9章 科目四 考试模拟题 183

1. 科目四 考试模拟题（一） 184
2. 科目四 考试模拟题（二） 189

参考文献 196

新驾考基本常识

如果你想考取驾照，首先应该了解考驾照的流程和方法，以便节省考驾照的费用，而且可以争取更快地拿到驾照，避免长时间通不过考试而影响到你的生活和工作。随着新政策的出台，既可以通过驾校培训也可以采用自学直考的办法来取得驾照，但是也要符合相关的要求。

1. 通过驾校培训考驾照

通过驾校培训考驾照是利用驾校的教学资源进行培训，从而让学员快速地掌握驾驶技能，然后考取驾照的方法，它是目前普遍采用的方法。

(1) 通过驾校培训考驾照流程

以下为通过驾校培训考驾照流程，具体可以参阅后面的“考试手续办理”方法。

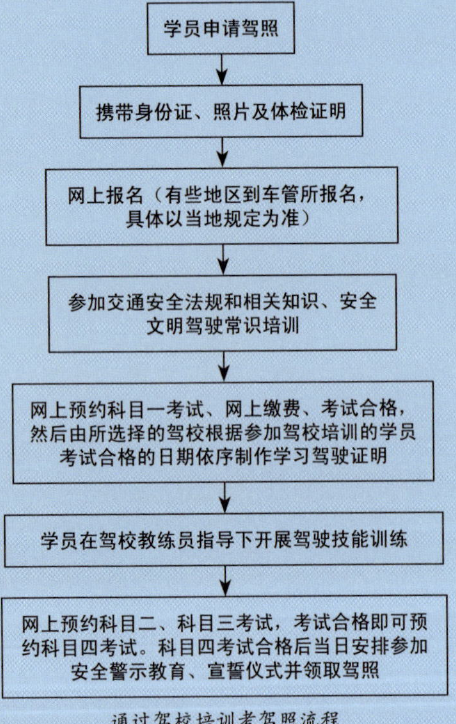

通过驾校培训考驾照流程

(2) 选择驾校培训基本要点

1）选择正规驾校培训

① 要选择有实力、正规的驾校，使教学质量、训练的时间和考试通过率都有保证。如果发生纠纷也可投诉解决。

② 正规的驾校管理相对规范，收费透明。不会乱收费、额外收费和变相收费。

③ 正规驾校学员报名培训时会出具正规的发票，会签正式的培训合同。不允许出现教练员收受学员贿赂的情况。

④ 正规驾校服务态度会更好，教练员不但能保证学员通过考试，还能教学员很多考试之外的驾驶知识和开车经验，在一定程度上能影响学员的水平和以后驾驶的一些习惯。

⑤ 正规驾校的管理水平相对比较规范，在某种程度上决定学员的一些权益能否得到保障，也影响着驾校的培训效率和教练员水平。例如，驾校对学员承诺、驾校的投诉情况以及对投诉的处理方式等都比较规范。

东莞市恒圣机动车驾驶员培训有限公司
被评为二〇一二年度东莞市机动车驾驶员培训
AAA级企业

选择正规驾校培训

学车提示

正规驾校的判断标准：

① 驾校证件是否齐全，正规驾校应该具备当地运管部门核发的道路运输经营许可证、工商部门核发的营业执照、税务部门核发的税务登记证等。

② 驾校设施是否完备，正规驾校都具备独立的培训场地。一些“黑驾校”场地面积很小，教学车辆很少且破旧。

③ 驾校收费是否合理，正规驾校都设置有收费标准公示栏。

④ 驾校教练员是否专业，只有具备驾校教练员资格才能上岗培训学员。

2）选择培训费用适中的驾校

在选择驾校时，要对培训费用进行比较，比较各驾校宣传的培训费用，同时还要了解是否存在一些隐性的培训费用，看驾校是否实行计时培训、计时收费，是否可以先培训后付费。

① 学车食宿费。

② 教练员额外的培训费。

③ 驾校以其他名目收取的各种费用等。

3）培训时间

应考虑理论培训时间、实车培训时间及其时间安排的自由度。特别是实车培训时间和时间安排的自由度，每个城市都有自己的习惯，一定要问清楚具体情况，看驾校是否实施自主预约培训时段。

理论练习时间

周一、上午：8: 30-12:00
下午：13:00-16:00
周二、上午：8: 30-12:00
下午：13:00-16:00
周三、上午：8: 30-12:00
下午：13:00-16:00
周五、上午：8: 30-12:00
下午：13:00-16:00
周六、上午：8: 30-12:00

理论培训时间

实车培训时间

4）培训接送及训练场地点

① 选择驾校时是否有接送，是考试接送还是平时练车也接送，什么车接送，接送的时间、地点及路线情况等。

② 培训过程中去得最多的地方是训练场地（训练场地分为场地训练的地方和道路训练的地方），所以对训练场地一定要落实，看是否符合自己的要求。

5）培训投诉及监督

弄清楚对教学过程中出现问题的投诉途径：如何投诉，向谁投诉，时间和程序等。这一点很重要，越是有实力的驾校越敢于接受学员和公众的监督。对学员的利益也更有保障。选择驾校时一定要看有没有驾校公开的投诉电话及如何向驾校的主管部门投诉。

6）培训转学

各种情况都可能在培训的过程中出现，弄清楚如果不能或不愿意继续学习，是否可以跨驾驶培训机构参加培训，怎样办手续，如何退费，可能受到什么损失，什么情况下发生转学不需要承担损失等情况。

7）选择教练员

由于教练员的素质各有差异，所以各种情况都可能在培训的过程中出现，弄清楚是否可以自主选择教练员进行培训。

(3) 选择驾校注意事项

① 选择交通便利、离家较近的驾校。实在两条都不靠，最好也一定要选择坐车方便的驾校。

② 是否单人单车或者几人一车，最好选单人单车的驾校，自己多多练习，确保学车质量。

③ 避免低价诱惑，很多学员在选择驾校的时候，往往只看重培训费用。一些驾校就是抓住了学员“贪小便宜”的心理，用非常低的价格吸引学员报名培训，然后从中再收取各种费用。

④ 不要轻信承诺。一些驾校在报名时随意向学员承诺，有的说随到随学，但真的报了名，一等就是一个或几个月；还有的承诺一人

一车，但在练车时却以各种理由，让三四个人合用一辆教练车。所以，报名培训时一定要把所提供的服务项目弄清楚。

(4) 确定培训驾校并学习

① 经过对比确定最优的驾驶培训机构。

② 与驾校签订培训合同，然后缴培训费。缴培训费时，注意合同条款中收费的项目，最好采用计时培训计时收费的方式。

③ 在驾校教练的指导下进行实际操作学习。

缴培训费

实际操作学习

2. 通过自学直考考驾照

自学直考考驾照是指申请小型汽车、小型自动档汽车驾照的人员，使用加装安全辅助装置的自学用车，在具备安全驾驶经历等条件的人员随车指导下，按照公安机关交通管理部门指定的路线、时间学习驾驶技能，直接申请驾照考试。

(1) 自学直考条件

① 目前“自学直考”在天津、包头、长春、南京、宁波、马鞍山、福州、吉安、青岛、安阳、武汉、南宁、成都、黔东南、大理、宝鸡等16个试点城市中进行，具体以当地车管所规定为准。

② 针对的是申领C1、C2驾照的人员。

(2) 自学直考的车辆要求

① 自学用车必须是非营运的小型汽车，手动档、自动档（自动档车型只能考取 C2 驾照）均可，没有品牌、车系、车龄的限制，但必须经机动车安全技术检验合格。

② 自学用车的车辆必须是在本地注册登记的（报名驾照直考所在地）。

③ 自学用车需加装副制动和辅助后视镜两个安全装置，而且经机动车安全技术检验机构检验合格方可。

④ 自学用车须参加直考驾照的单独车辆检验。

⑤ 自学用车必须投保交强险，其他商业险不作为强制要求。

(3) 自学直考的随车指导人员要求

① 驾龄 5 年以上。

② 没有吸毒记录。

③ 未发生过驾驶机动车造成人员死亡或重伤且负主要责任的交通事故。

④ 没有过扣满 12 分或驾照被吊销的记录。

⑤ 没有违规随车指导的记录。

⑥ 随车指导人员不得利用自学用车从事经营性驾驶教学活动。

(4) 自学直考申请步骤和流程

以下为自学直考申请步骤和流程，具体办理自学的手续内容如下：

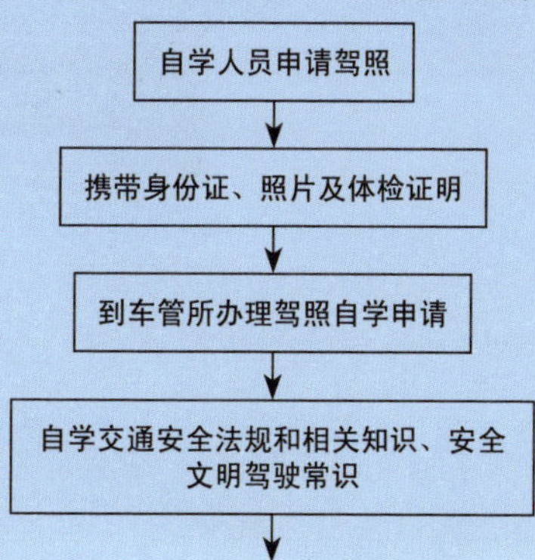

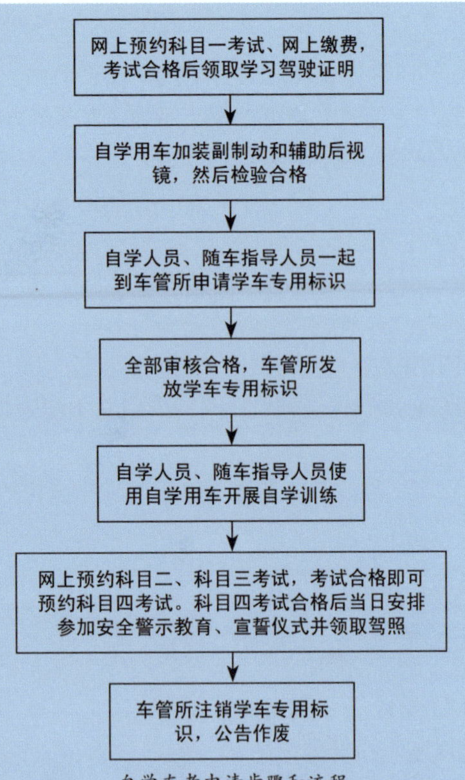

自学直考申请步骤和流程

① 申请人到车管所、交管网进行申请，并提交申请人身份证明和县级或者部队团级以上医疗机构出具的有关身体条件的证明。此外，申请时还需要填写《机动车驾驶证自学直考信息采集表》。

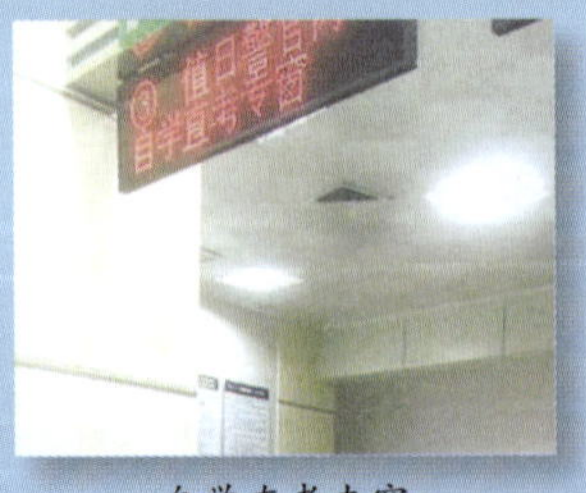

自学直考专窗

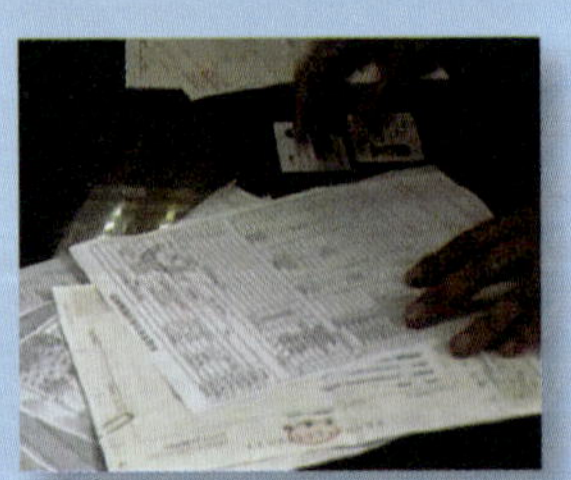

提交相关资料

② 进行网上预约申请考试，登录当地公安厅交警总队交通安全综合服务管理平台自主预约科目考试。

③ 进行互联网理论自学，可进入“当地公安厅交警总队交通安全综合服务管理平台”进行理论自学。

进行互联网理论自学

④ 科目一考试通过后，申请人需要给车辆加装安全辅助装置，之后与符合要求的随车指导人员，一同向车管所提交材料进行申请。材料包括《机动车驾驶证自学直考信息采集表》；自学人员、随车指导人员身份证明；随车指导人员机动车驾驶证；自学用车机动车登记证书、行驶证、所有人身份证明；自学用车交通事故责任强制保险等相关保险凭证；自学用车加装安全辅助装置后的安全技术检验合格证明。

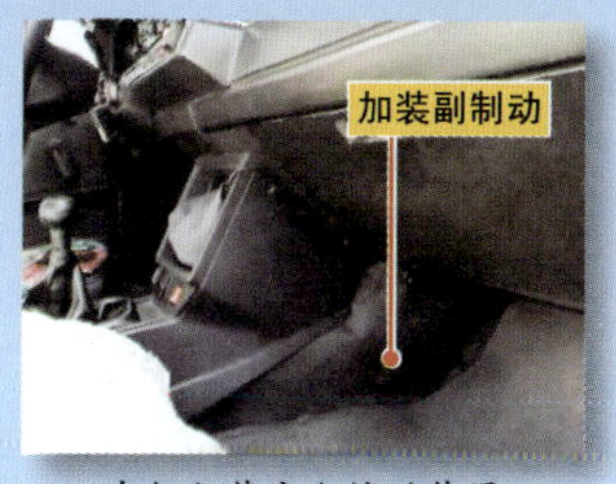

车辆加装安全辅助装置

提交自学用车相关资料

⑤ 车管所除了对提交的资料进行审核，还要查验并确认自学用车，填写《自学直考用车车辆查验表》。当审核通过后将免费领取到学习驾驶证明和学车专用标识。

学车提示

① 学习驾驶证明在后续科目二、科目三学习训练时，必须随身携带（纸质版和电子版均可）。

② 学车专用标识内容包括自学人员姓名和身份证件号码、随车指导人员姓名和驾驶证号码、自学用车号牌号码和车辆识别代号、签发日期和有效期截止日期。

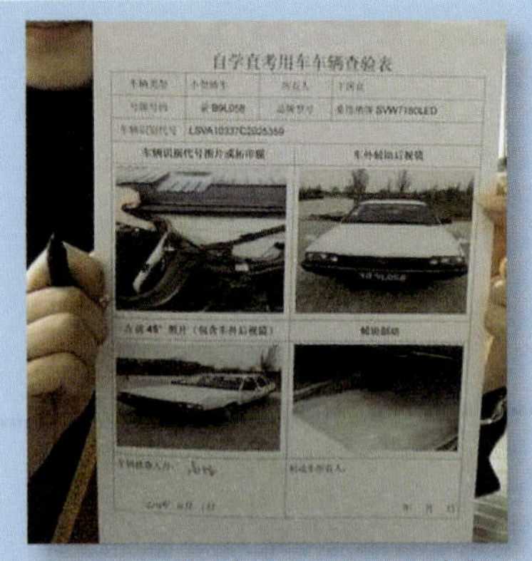

自学直考用车车辆查验表

填写《自学直考用车车辆查验表》

领取学车专用标识

⑥ 按照规定粘贴学车专用标识，然后在车管所指定的时间、路线自学驾驶技能。当学员认为达到考试要求时，可预约考试，参见后面“考试手续办理流程”。

粘贴学车专用标识

指定的时间、路线自学驾驶

自学驾驶

(5) 自学直考考驾照注意事项

① 未按照规定路线、时间学习驾驶，未按规定放置、粘贴学车专用标识，随车指导人员担责。

② 未取得学习驾驶证明、学习驾驶证明过期、没有教练员或随车指导人员、由不符合规定的人员随车指导，自学人员（学车人）担责。

③ 自学车专用标识只允许签注一名自学人员、一名随车指导人员、一辆自学用车。每名随车指导人员、每辆自学用车不得同时签注 2 个及 2 个以上学车专用标识。已经签注过的随车指导人员或者自学用车，需要培训另一名自学人员的，应当自上次签注之日起三个月后，方可重新领取学车专用标识。

④ 自学人员学习驾驶过程中，需要变更自学用车的，应当向原学车专用标识发放地车管所申请更新领取学车专用标识。

⑤ 自学人员学习驾驶过程中，学车专用标识遗失或者损毁的，应当向原学车专用标识发放地车管所申请补领学车专用标识，填写《机动车驾驶证自学直考信息采集表》，并提交申请人的身份证明。

⑥ 已领取学车专用标识的自学人员，在注销学车专用标识后，可以选择在驾校培训学习驾驶。

⑦ 自学用车不作为自学使用的，注销学车专用标识后，应当自行拆除安全辅助装置。

⑧ 自学用车暂不用于学习驾驶而上道路行驶时，应当去除学车专用标识。

⑨ 自学人员在道路上学习驾驶期间，不得搭载随车指导人员以外的其他人员。

3. 考试介绍和须知

考驾照时首先要明白考试的内容，以便可以针对性地学习，不仅可以提高通过率，还可以避免因补考而浪费时间和金钱，所以熟悉考试内容非常重要。

(1) 考试科目

考试科目包括科目一、科目二、科目三、科目四，具体内容如下：

［科目一］ 理论考试，包括道路交通安全法、法规和相关知识考试。

［科目二］ 场地考试，主要是场地驾驶技能考试。

［科目三］ 实际道路驾驶考试，主要是道路驾驶技能考试。

［科目四］ 安全文明驾驶常识考试，我国机动车驾驶人考试中的新内容，包括安全文明驾驶操作等知识。

(2) 考试手续办理

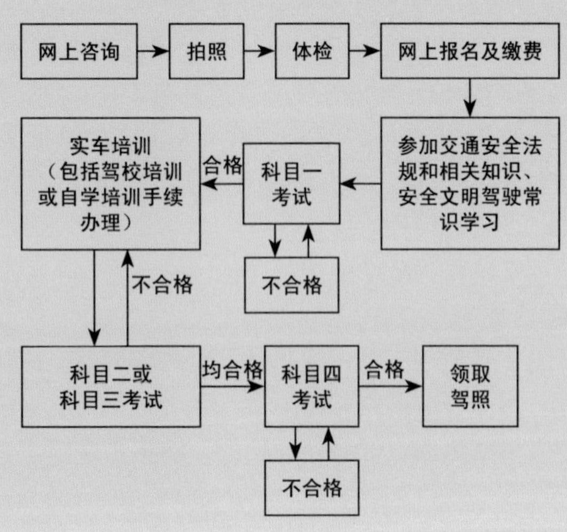

考试手续办理流程

1）网上咨询

首先网上咨询报名的条件及报名所需要的资料。

2）拍照

到车管所指定地点照相。

拍照

3）体检

学员到县级以上医疗机构体检，体检合格者方可办理报名考试手续。体检内容包括心电图、血压、身高、体重、听力、握力、背脊力、视力和色觉。其中两眼裸视力或者矫正视力达到对数视力表 4.9 以上，无红绿色盲，听力障碍者须佩戴助听器。

体检

领取机动车驾驶人身体条件证明报告

4）网上报名及缴费

通过登录当地网上车管所进行网上报名及缴费，报名成功后在网上车管所输入身份证号以及预约密码就能看到报名信息与预约报名。缴费时可以使用“支付宝”“网银”等。

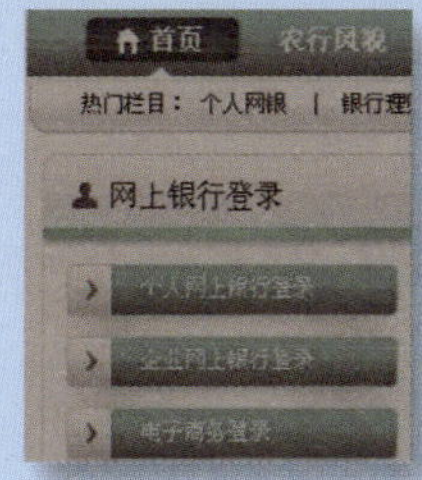

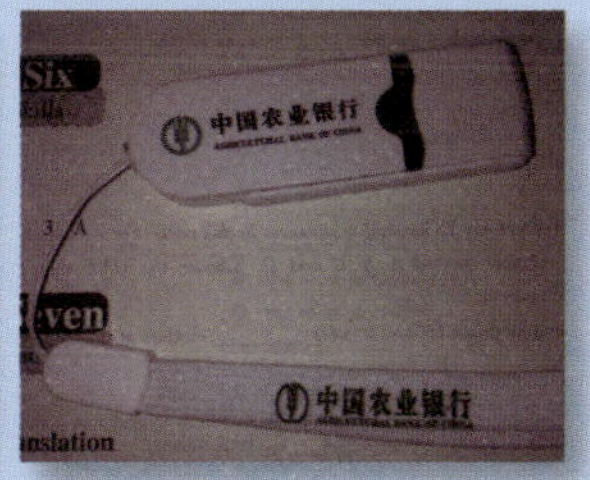

网银缴费

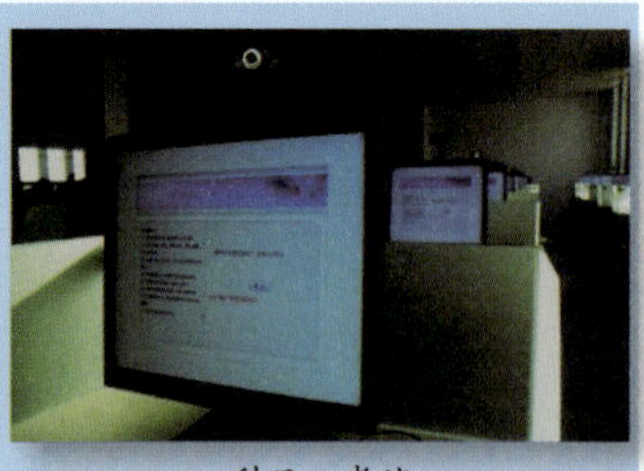

科目一考试

5）参加科目一学习及考试

通过学习资料配合网络资源自学科目一知识后，学员觉得合适的时候可以报名参加科目一考试。考试需要通过“当地驾考自主预约系统”自主报名预约考试，等车管所通知你预约成功后，就可以按通知的时间、地点去考试。

6）办理实车培训手续

根据自身需要选择驾校培训或自学培训，然后办理培训手续，参见前面“通过驾校培训考驾照”或“通过自学直考考驾照”的内容。

7）参加科目二、科目三及科目四的考试

① 在科目一通过后，学员可以在网上打印学习驾驶证明，准考证明有效期为三年。在准考证有效期内，学员可以预约科目二或科目三考试。未在有效期内完成考试的，已考试合格的科目成绩作废。以广东为例，可以登录网址“http://gd.122.gov.cn”进行“打印学习驾驶证明”“考试预约”“取消预约”等操作。

办理网上业务之前必须首先按照规定进行网上注册，然后才能进行驾驶证业务网上办理。

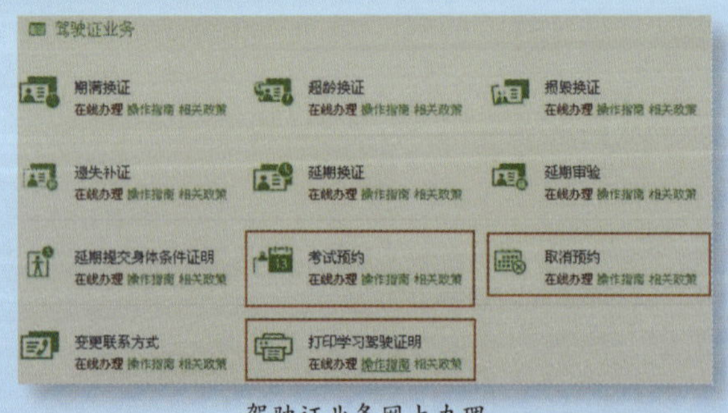

驾驶证业务网上办理

（1）预约科目二考试时间规定

初次申请机动车驾驶证或者申请增加准驾车型的，申请人预约考试科目二，应当符合下列规定：

① 报考小型汽车、小型自动档汽车、低速载货汽车、三轮汽车、残疾人专用小型自动档载客汽车、轮式自行机械车、无轨电车、有轨电车准驾车型的，在取得学习驾驶证明满十日后预约考试。

② 报考大型客车、牵引车、城市公交车、中型客车、大型货车准驾车型的，在取得学习驾驶证明满二十日后预约考试。

（2）预约科目三考试时间规定

初次申请机动车驾驶证或者申请增加准驾车型的，申请人预约考试科目三，应当符合下列规定：

① 报考低速载货汽车、三轮汽车、轮式自行机械车、无轨电车、有轨电车准驾车型的，在取得学习驾驶证明满二十日后预约考试。

② 报考小型汽车、小型自动档汽车、残疾人专用小型自动档载客汽车准驾车型的，在取得学习驾驶证明满三十日后预约考试。

③ 报考大型客车、牵引车、城市公交车、中型客车、大型货车准驾车型的，在取得学习驾驶证明满四十日后预约考试。

（3）取消预约考试规定

申请人因故不能按照预约时间参加考试的，应当提前一日申请取消预约。对申请人未按照预约考试时间参加考试的，判定该次考试不合格。

② 系统通知学员参加科目二考试的时间后，学员应按时参加考试。如果学员在第一次考试时没通过，可以当场免费补考一次。如果补考也没通过，就需要重新缴费预约考试，而且必须在十日后预约，并且最多预约 5 次，如果 5 次都没考过，所有考试成绩（包含科目一）作废。

③ 科目三与科目二考试相同，如果学员在第一次考试时没通过，可以当场免费补考一次。如果补考也没通过，就需要重新缴费预约考试，而且必须在十日后预约，并且最多也只能预约 5 次，如果 5 次都没考过，所有考试成绩（包含科目一和科目二）作废。

科目二考试

科目三考试

④ 科目二和科目三考试都通过后，学员通过驾考系统预约科目四考试。科目四与科目一相同，考试预约次数不受限。

科目四考试

8）领取驾照

各科目考试通过后，应当接受不少于半小时的交通安全文明驾驶常识和交通事故案例警示教育，并参加领证宣誓仪式。

车管所应当在申请人参加领证宣誓仪式的当日核发机动车驾驶证（也称驾照）。属于申请增加准驾车型的，应当收回原机动车驾驶证。属于复员、转业、退伍的，应当收回军队、武装警察部队机动车驾驶证。

领证宣誓仪式

领取驾照

(3) 考试规定

1）科目一考试规定

① 科目一考试在车管所进行，从计算机中随机抽取出 100 道试题，90 分以上（包括 90 分）为合格。

② 考试题型分判断题、单选题。

③ 如果第一次考试时没通过，可以当场免费补考一次。如果补考也没通过，就需要重新缴费预约考试。

2）科目二和科目三考试规定

① 学员可以自行预约科目二、科目三考试。有条件的地方，申请人可以同时预约科目二、科目三考试，预约成功后可以连续进行考试。

② 申请人预约科目二、科目三考试，车辆管理所在六十日内不能安排考试的，可以选择省（自治区、直辖市）内其他考场预约考试。

③ 报考大型客车、牵引车、城市公交车、中型客车、大型货车准驾车型，需要达到 90 分以上（包括 90 分）为合格，报考小型车等其他准驾车型需要达到 80 分以上（包括 80 分）为合格。

3）科目四考试规定

① 科目二和科目三考试通过后可以预约科目四考试。

② 科目四考试根据所报考的准驾车型类型从相应的科目四考试题库中按比例抽取 50 道题进行考试，考试时间为 30min，答题过程中错 12 分（6 道题）即终止本场考试。

③ 考试题型分判断题、单选题、多选题。

④ 考试题目包括图片题、情景识别题、文字叙述题。

⑤ 90 分以上（包括 90 分）为合格。

⑥ 科目四未通过不需补考已通过的考试科目（科目一、科目二、科目三），由学员预约进行补考，不受补考次数限制，未通过可一直补考，每次补考需交补考费用。

第2章

科目一　道路交通安全法律、法规和相关知识考试辅导

学车考证首先要通过科目一 道路交通安全法律、法规和相关知识考试。如果你平时懂得一些道路交通安全法规相关知识，然后系统地学习几天后，最后进行网上模拟考试训练一下，就可以轻松地通过科目一考试。

1. 机动车驾驶证申领与使用规定

(1) 机动车驾驶证

根据《中华人民共和国道路交通安全法》规定，驾驶机动车应当依法取得机动车驾驶证。机动车驾驶证记载和签注以下内容：

1）机动车驾驶人信息：姓名、性别、出生日期、国籍、住址、身份证号码（机动车驾驶证号码）、照片。

2）车辆管理所签注内容：初次领证日期、准驾车型代号、有效期限、核发机关印章、档案编号。

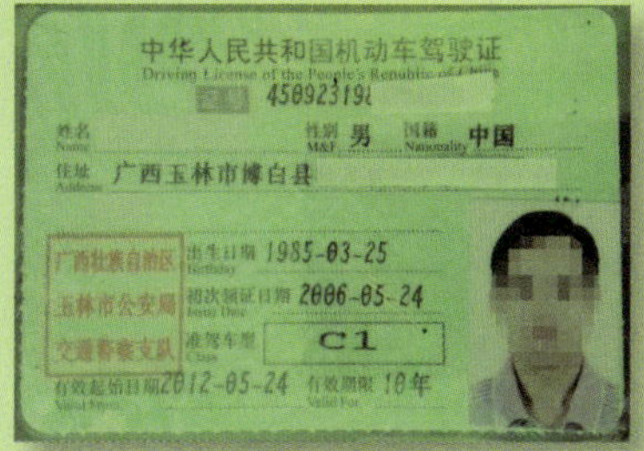

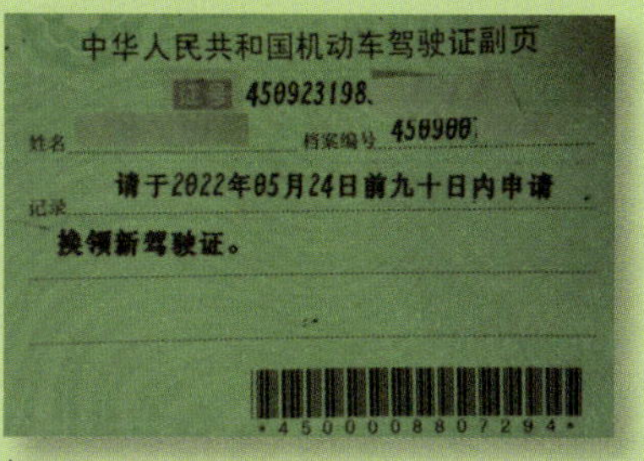

机动车驾驶证

(2) 选择准驾车型

机动车驾驶人准予驾驶的车型顺序依次分为：大型客车、牵引车、城市公交车、中型客车、大型货车、小型汽车、小型自动档汽车、低速载货汽车、三轮汽车、残疾人专用小型自动档载客汽车、普通三轮摩托车、普通二轮摩托车、轻便摩托车、轮式自行机械车、无轨电车和有轨电车。

准驾车型	代号	图示	准驾车辆
大型客车	A1		准驾大型载客汽车，同时准驾A3、B1、B2、C1、C2、C3、C4、M车型的车辆

（续）

准驾车型	代号	图示	准驾车辆
牵引车	A2		准驾重型、中型全挂、半挂汽车列车，同时准驾B1、B2、C1、C2、C3、C4、M车型的车辆
城市公交车	A3		准驾核载10人以上的城市公共汽车，同时准驾C1、C2、C3、C4车型的车辆
中型客车	B1		准驾中型载客汽车（含核载10人以上、19人以下的城市公共汽车），同时准驾C1、C2、C3、C4、M车型的车辆
大型货车	B2		准驾重型、中型载货汽车；大、重、中型专项作业车，同时准驾C1、C2、C3、C4、M车型的车辆
小型汽车	C1		准驾小型、微型载客汽车以及轻型、微型载货汽车；轻、小、微型专项作业车，同时准驾C2、C3、C4车型的车辆
小型自动档汽车	C2		准驾小型、微型自动档载客汽车以及轻型、微型自动档载货汽车
低速载货汽车	C3		准驾低速载货汽车，同时准驾C4车型的车辆

（续）

准驾车型	代号	图示	准驾车辆
三轮汽车	C4		准驾三轮汽车（原三轮农用运输车）
残疾人专用小型自动档载客汽车	C5		准驾残疾人专用小型、微型自动档载客汽车
普通三轮摩托车	D		准驾发动机排量大于50mL或者最大设计车速大于50km/h的三轮摩托车，同时准驾E、F车型的车辆
普通二轮摩托车	E		准驾发动机排量大于50mL或者最大设计车速大于50km/h的二轮摩托车，同时准驾F车型的车辆
轻便摩托车	F		准驾发动机排量小于50mL、最大设计车速小于等于50km/h的摩托车
轮式自行机械车	M		准驾轮式自行机械车

（续）

准驾车型	代号	图示	准驾车辆
无轨电车	N		准驾无轨电车
有轨电车	P		准驾有轨电车

(3) 机动车驾驶证申请条件

1）年龄条件

申请准驾车型	年龄要求
小型汽车（C1）、小型自动档汽车（C2）、残疾人专用小型自动档载客汽车（C5）、轻便摩托车（F）	在18周岁以上，70周岁以下
低速载货汽车（C3）、三轮汽车（C4）、普通三轮摩托车（D）、普通二轮摩托车（E）或者轮式自行机械车（M）	在18周岁以上，60周岁以下
城市公交车（A3）、大型货车（B2）、无轨电车（N）或者有轨电车（P）	在20周岁以上，50周岁以下
中型客车（B1）	在21周岁以上，50周岁以下
牵引车（A2）	在24周岁以上，50周岁以下
大型客车（A1）	在26周岁以上，50周岁以下
接受全日制驾驶职业教育的学生，申请大型客车（A1）、牵引车（A2）	在20周岁以上，50周岁以下

2）身体条件

身体条件	申请车型
身高	申请大型客车（A1）、牵引车（A2）、城市公交车（A3）、大型货车（B2）、无轨电车（N）准驾车型的，身高为155cm以上
	申请中型客车（B1）准驾车型的，身高为150cm以上
视力	申请大型客车（A1）、牵引车（A2）、城市公交车（A3）、中型客车（B1）、大型货车（B2）、无轨电车（N）或者有轨电车（P）准驾车型的，两眼裸视力或者矫正视力达到对数视力表5.0以上。申请其他准驾车型的，两眼裸视力或者矫正视力达到对数视力表4.9以上。单眼视力障碍，优眼裸视力或者矫正视力达到对数视力表5.0以上，且水平视野达到150°的，可以申请小型汽车、小型自动档汽车、低速载货汽车、三轮汽车、残疾人专用小型自动档载客汽车准驾车型的机动车驾驶证
辨色力	无红绿色盲
听力	两耳分别距音叉50cm能辨别声源方向。有听力障碍但佩戴助听设备能够达到以上条件的，可以申请小型汽车（C1）、小型自动档汽车（C2）准驾车型的机动车驾驶证
上肢	双手拇指健全，每只手其他手指必须有三指健全，肢体和手指运动功能正常。但手指末节残缺或者左手有三指健全，且双手手掌完整的，可以申请小型汽车（C1）、小型自动档汽车（C2）、低速载货汽车（C3）、三轮汽车（C4）准驾车型的机动车驾驶证
下肢	双下肢健全且运动功能正常，不等长度不得大于5cm。但左下肢缺失或者丧失运动功能的，可以申请小型自动档汽车（C2）准驾车型的机动车驾驶证。右下肢、双下肢缺失或者丧失运动功能但能够自主坐立，可以申请残疾人专用小型自动档载客汽车准驾车型的机动车驾驶证（C5）
躯干、颈部	无运动功能障碍

3）禁止申请机动车驾驶证条件

① 有器质性心脏病、癫痫病、美尼尔氏症、眩晕症、癔病、震颤麻痹、精神病、痴呆以及影响肢体活动的神经系统疾病等妨碍安全驾驶疾病的。

② 三年内有吸食、注射毒品行为或者解除强制隔离戒毒措施未满三年，或者长期服用依赖性精神药品成瘾尚未戒除的。

③ 造成交通事故后逃逸构成犯罪的。

④ 饮酒后或者醉酒驾驶机动车发生重大交通事故构成犯罪的。

⑤ 醉酒驾驶机动车或者饮酒后驾驶营运机动车依法被吊销机动车驾驶证未满五年的。

⑥ 醉酒驾驶营运机动车依法被吊销机动车驾驶证未满十年的。

⑦ 因其他情形依法被吊销机动车驾驶证未满二年的。

⑧ 驾驶许可依法被撤销未满三年的。

⑨ 法律、行政法规规定的其他情形。

⑩ 未取得机动车驾驶证驾驶机动车，被依法处罚的，在规定期限内不得申请机动车驾驶证。

(4) 申请机动车驾驶证区域规定

① 在户籍所在地居住的，应当在户籍所在地提出申请。

② 在户籍所在地以外居住的，可以在居住地提出申请。

③ 现役军人（含武警），应当在居住地提出申请。

④ 境外人员，应当在居留地或者居住地提出申请。

⑤ 申请增加准驾车型的，应当在所持机动车驾驶证核发地提出申请。

⑥ 接受全日制驾驶职业教育，申请增加大型客车（A1）、牵引车（A2）准驾车型的，应当在接受教育地提出申请。

(5) 初次申请机动车驾驶证

初次申领机动车驾驶证的，可以申请的准驾车型为城市公交车（A3）、大型货车（B2）、小型汽车（C1）、小型自动档汽车（C2）、低速载货汽车（C3）、三轮汽车（C4）、残疾人专用小型自动档载客汽车（C5）、普通三轮摩托车（D）、普通二轮摩托车（E）、轻便摩托车（F）、轮式自行机械车（M）、无轨电车（N）、有轨电车（P）的机动车驾驶证。初次申领机动车驾驶证，应当填写《机动车驾驶证申请表》并提交以下证明：

① 申请人的身份证明。

② 县级或者部队团级以上医疗机构出具的有关身体条件的证明。属于申请残疾人专用小型自动档载客汽车的，应当提交经省级卫生主管部门指定的专门医疗机构出具的有关身体条件的证明。

(6) 申请增加准驾车型

已持有机动车驾驶证，申请增加准驾车型的，可以申请增加的准驾车型为大型客车（A1）、牵引车（A2）、城市公交车（A3）、中型客车（B1）、大型货车（B2）、小型汽车（C1）、小型自动档汽车（C2）、低速载货汽车（C3）、三轮汽车（C4）、普通三轮摩托车（D）、普通二轮摩托车(E)、轻便摩托车(F)、轮式自行机械车(M)、无轨电车(N)、有轨电车（P）。申请增加准驾车型的，应当填写《机动车驾驶证申请表》，提交以下证明：

① 申请人的身份证明。

② 县级或者部队团级以上医疗机构出具的有关身体条件的证明。

③ 所持机动车驾驶证。

④ 属于接受全日制驾驶职业教育，申请增加大型客车、牵引车准驾车型的，还应当提交学校出具的学籍证明。

（1）持军队、武装警察部队机动车驾驶证的人

持军队、武装警察部队机动车驾驶证的人申领机动车驾驶证，应当填写《机动车驾驶证申请表》并提交以下证明、凭证：

① 申请人的身份证明。属于复员、转业、退伍的人员，还应当提交军队、武装警察部队核发的复员、转业、退伍证明。

② 县级或者部队团级以上医疗机构出具的有关身体条件的证明。

③ 军队、武装警察部队机动车驾驶证。

（2）持境外机动车驾驶证的人

持境外机动车驾驶证的人员申领机动车驾驶证，应当填写《机动车驾驶证申请表》并提交以下证明、凭证：

① 申请人的身份证明。

② 县级以上医疗机构出具的有关身体条件的证明。属于外国驻华使馆、领馆人员及国际组织驻华代表机构人员申请的，按照外交对等原则执行。

③ 所持机动车驾驶证。属于非中文表述的，还应当出具中文翻译文本。

④ 申请人属于内地居民的，还应当提交申请人的护照或者《内地居民往来港澳通行证》《大陆居民往来台湾通行证》。

(7) 机动车驾驶证有效期

机动车驾驶证有效期分为六年、十年、长期有效三种。机动车驾驶人在机动车驾驶证的六年有效期内，每个记分周期均未记满12分的，换发十年有效期的机动车驾驶证；在机动车驾驶证的十年有效期内，每个记分周期均未记满12分的，换发长期有效的机动车驾驶证。

(8) 机动车驾驶证换证

1）有效期满换证

机动车驾驶人应当于机动车驾驶证有效期满前九十日内，向机动车驾驶证核发地或者核发地以外的车辆管理所申请换证。申请时应当填写申请表，并提交以下证明、凭证：

① 机动车驾驶人的身份证明。

② 机动车驾驶证。

③ 县级或者部队团级以上医疗机构出具的有关身体条件的证明。属于申请残疾人专用小型自动档载客汽车的，应当提交经省级卫生主管部门指定的专门医疗机构出具的有关身体条件的证明。

2）转入换证

机动车驾驶人户籍迁出原车辆管理所管辖区的，应当向迁入地车辆管理所申请换证。机动车驾驶人在核发地车辆管理所管辖区以外居住的，可以向居住地车辆管理所申请换证。申请时应当填写申请表，提交机动车驾驶人的身份证明和机动车驾驶证,并申报身体条件情况。

3）变更换证

具有下列情形之一的，机动车驾驶人应当在三十日内到机动车驾驶证核发地或者核发地以外的车辆管理所申请换证：

① 在车辆管理所管辖区域内，机动车驾驶证记载的机动车驾驶人信息发生变化的。

② 机动车驾驶证损毁无法辨认的。

③ 申请时应当填写申请表，并提交机动车驾驶人的身份证明和机动车驾驶证。

(9) 机动车驾驶证遗失补发

机动车驾驶证遗失的，机动车驾驶人应当向机动车驾驶证核发地或者核发地以外的车辆管理所申请补发。申请时应当填写申请表，并提交以下证明、凭证：

① 机动车驾驶人的身份证明。

② 机动车驾驶证遗失的书面声明。

③ 符合规定的，车辆管理所应当在一日内补发机动车驾驶证。机动车驾驶人补领机动车驾驶证后，原机动车驾驶证作废，不得继续使用。

④ 机动车驾驶证被依法扣押、扣留或者暂扣期间，机动车驾驶人不得申请补发。

2. 机动车行驶必须遵守的法律法规

(1) 灯光和喇叭的使用

1）机动车使用转向灯的规定

① 向左转弯、向左变更车道、准备超车、驶离停车地点或掉头时，应当提前开启左转向灯。

② 向右转弯、向右变更车道、超车完毕驶回原车道、靠路边停车时，应当提前开启右转向灯。

③ 在完成转弯、变更车道或超车等操作行为后应当关闭转向灯。

2）机动车在低能见度情况下使用灯光的规定

机动车在夜间没有路灯、照明不良，或在雨、雾、雪、冰雹、沙尘暴等能见度低的情况下行驶时，应当开启前照灯、示宽灯和尾灯，但同方向行驶的后车与前车近距离行驶时，不得使用远光灯。机动车雾天行驶时应当开启雾灯和危险警告灯。

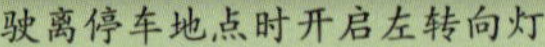
驶离停车地点时开启左转向灯

低能见度情况下使用灯光的规定

3）机动车在遇见安全隐患大的情形时使用灯光的规定

① 机动车在夜间通过急弯、坡路、拱桥、人行横道或没有交通信号灯控制的路口时，应当交替使用远光灯、近光灯示意。

② 机动车在道路上发生故障或发生交通事故，妨碍交通又难以移动的，应当按照规定开启危险警告灯，并在车后 50 ~ 100m 处设置警告标志，夜间还应当同时开启示廓灯和尾灯。

交替使用远光灯、近光灯

设置警告标志并开启危险警告灯

4）机动车在遇见安全隐患大的情形时使用喇叭的规定

机动车驶近急弯、坡道顶端等影响安全视距的路段以及超车或者遇见紧急情况时，应当减速慢行，并鸣喇叭示意。但有禁止鸣喇叭的地段应禁止鸣喇叭。

使用喇叭的规定

(2) 有划分车道的道路通行

1）在道路同方向划有 2 条以上机动车车道的，左侧为快速车道，右侧为慢速车道。在快速车道行驶的机动车应当按照快速车道规定的速度行驶，未达到快速车道规定的行驶速度的，应当在慢速车道行驶。

2）在道路上有标明行驶速度的，按照标明的行驶速度行驶。慢速车道内机动车超越前车时，可以借用快速车道行驶。

3）在道路同方向划有 2 条以上机动车车道的，变更车道的机动车不得影响相关车道内行驶的机动车的正常行驶。

有划分车道的道路通行

(3) 无划分车道的道路通行

机动车在道路上行驶不得超过限速标志、标线标明的速度。在没有限速标志、标线的道路上，机动车不得超过以下最高行驶速度：

在有中心线的道路通行

1）没有道路中心线的道路，城市道路为30km/h，公路为40km/h。

2）有道路中心线的道路，但同方向只有1条机动车车道的道路，城市道路为50km/h，公路为70km/h。

(4) 交叉路口通行

1）有交通信号灯等控制的交叉路口

机动车通过交叉路口，应当按照交通信号灯、交通标志、交通标线或者交通警察的指挥通过。

① 在划有导向车道的路口，按所需进方向驶入导向车道，进入实线区后不得变道。

② 机动车通过环形路口，应当按照导向箭头所示方向行驶。准备进入环形路口的让已在路口内的机动车先行。

在划有导向车道的路口通行

在环形路口通行

③ 遇放行信号灯时，依次通过。

④ 遇停止信号灯时，依次停在停止线以外。没有停止线的，停在路口以外。

⑤ 向左转弯时，靠路口中心点左侧转弯。转弯时开启转向灯，夜间行驶开启近光灯。

⑥ 向右转弯遇到有同车道前车正在等候放行信号灯时，依次停车等候。

⑦ 在没有方向指示信号灯的交叉路口，转弯的机动车让直行的车辆、行人先行。相对方向行驶的右转弯车让左转弯车辆先行。

通过放行信号灯路口

遇停止信号灯路口

2）无交通信号灯等控制的交叉路口

通过没有交通信号灯、交通标志、交通标线或者交通警察指挥的交叉路口时，应当减速慢行，并让行人和优先通行的车辆先行。此外，还应遵守下列规定：

① 有交通标志、交通标线控制的，让优先通行的一方先行。

② 没有交通标志、交通标线控制的，在进入路口前停车瞭望，让右方道路的来车先行。

直行通过路口

左转弯通过路口

③ 转弯的机动车让直行的车辆先行。

④ 相对方向行驶的右转弯的机动车让左转弯的车辆先行。

⑤ 向左转弯时，靠路口中心点左侧转弯。转弯时开启转向灯，夜间行驶开启近光灯。

(5) 变更车道

车辆变更车道不得影响其他车辆、行人的正常通行，应遵守下列规定：

① 让所借车道内行驶的车辆或者行人先行。

② 按顺序依次行驶，不得频繁变更机动车道。

③ 不得一次连续变更 2 条以上机动车道。

④ 左右两侧车道的车辆向同一车道变更时，左侧车道的车辆让右侧车道的车辆先行。

变更车道

(6) 机动车限速通行

① 机动车上道路行驶，不得超过限速标志标明的最高时速。在没有限速标志的路段，应当保持安全车速。

② 夜间行驶或者在容易发生危险的路段行驶，以及遇有沙尘、冰雹、雨、雪、雾、结冰等天气条件下，应当降低行驶速度。

不得超过限速标志标明的最高时速

危险的路段行驶应降低车速

(7) 跟车与限制超车

驾驶机动车跟车行驶时，后车应当与前车保持足以采取紧急制动措施的安全距离。此外有以下情形之一，不得超车：

① 前车正在左转弯、掉头、超车的。

② 与对面来车有会车可能的。

与前车保持安全距离

前车正在左转弯

与对面来车有会车

③ 前车为执行紧急任务的警车、消防车、救护车、工程救险车的。

④ 行经铁路道口、交叉路口、窄桥、弯道、陡坡、隧道、人行横道等没有超车条件的路段。

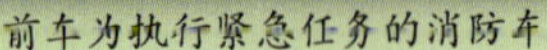
前车为执行紧急任务的消防车

通过人行横道

(8) 会车规定

会车就是反向行驶的机动车同时在某一地点交错通过。在没有中心隔离设施或者没有中心线的道路上，机动车会车应当遵守以下规定：

① 减速靠右行驶，并与其他车辆、行人保持必要的安全距离。

② 在有障碍的路段，无障碍的一方先行；但有障碍的一方已驶入障碍路段而无障碍的一方未驶入时，有障碍的一方先行。

减速靠右行驶

有障碍的路段行驶

③ 在狭窄的坡路，上坡的一方先行；但下坡的一方已行至中途而上坡的一方未上坡时，下坡的一方先行。

④ 在狭窄的山路，不靠山体的一方先行。

在狭窄的坡路行驶

在狭窄的山路行驶

⑤ 夜间会车应当在距相对方向来车150m以外改用近光灯，在窄路、窄桥与非机动车会车时应当使用近光灯。

夜间会车行驶

(9) 铁路道口及渡口通行

① 机动车通过铁路道口时，应当按照交通信号或者管理人员的指挥通行；没有交通信号或者管理人员的，应当减速或者停车，在确认安全后通过。

② 机动车载运超限物品行经铁路道口的，应当按照当地铁路部门指定的铁路道口、时间通过。

机动车通过铁路道口

机动车载运超限物品行经铁路道口

③ 机动车行经渡口，应当服从渡口管理人员指挥，按照指定地点依次待渡。机动车上下渡船时，应当低速慢行。

机动车行经渡口

(10) 缓行、拥堵路段交替通行

1）交通阻塞路口

机动车遇有前方交叉路口交通阻塞时，应当依次在停车路口以外等候，不得进入路口。

2）交通阻塞路段

机动车遇有前方车辆停车排队等候或者缓慢行驶时，应当依次排队，不得借道超车或者占用对面车道，不得从前方车辆两侧穿插或者超载行驶，不得在人行横道、网状线区域内停车等候。

交通阻塞路口

交通阻塞路段

3）交替通行

在车道减少的路段、路口，遇有前方机动车停车排队等候或者缓慢行驶时，应当每车道一辆依次交替通行。

交替通行

(11) 漫水路、漫水桥通行

1）漫水路通行

车辆行经漫水路时，必须停车察明水情，确认安全后，低速通过。

2）漫水桥通行

车辆行经漫水桥时，必须停车察明水情，确认安全后，低速通过。

漫水路通行

漫水桥通行

(12) 避让行人和非机动车

① 驾驶机动车行经人行横道，应当减速、停车、避让行人。

② 在没有中心隔离设施或者没有中心线的道路上，机动车遇相对方向来车，减速靠右行驶，并与其他车辆、行人保持必要的安全距离。

③ 在没有方向指示信号灯的交叉路口，转弯的机动车让直行的车辆、行人先行。

避让行人和非机动车

(13) 掉头与倒车

1）掉头

① 机动车在有禁止掉头或者禁止左转弯标志、标线的地点及在铁路道口、人行横道、桥梁、急弯、陡坡、隧道或者容易发生危险的路段，不得掉头。

② 机动车在没有禁止掉头或者没有禁止左转弯标志、标线的地点可以掉头，但不得妨碍正常行驶的其他车辆和行人的通行。

2）倒车

机动车倒车时，应当察明车后情况，确认安全后再倒车。不得在铁路道口、交叉路口、单行路、桥梁、急弯、陡坡或者隧道中倒车。

掉头

倒车

3. 道路交通违法行为处理的规定

(1) 行政强制措施的适用

交通警察在执法过程中，因制止违法行为、避免危害发生、防止证据灭失的需要或者机动车驾驶人累积记分满12分的，可以依法采取下列行政强制措施：

1）扣留车辆

有下列情形之一的，公关机关交通管理部门及其交通警察可以扣留机动车：

① 上道路行驶的机动车，未悬挂机动车号牌，未放置检验合格标志、保险标志，或者未携带行驶证、机动车驾驶证的。

② 有伪造、变造或者使用伪造、变造的机动车登记证书、号牌、行驶证、检验合格标志、保险标志、驾驶证或者使用其他车辆的机动车登记证书、号牌、行驶证、检验合格标志、保险标志嫌疑的。

③ 未按照国家规定投保机动车交通事故责任强制保险的。

④ 公路客运车辆或者货运机动车超载的。

⑤ 机动车有盗抢嫌疑的。

⑥ 机动车有拼装或者已达到报废标准的。

⑦ 收集交通事故案件证据需要的。

⑧ 未申领《剧毒化学品公路运输通行证》通过公路运输剧毒化学品的。

⑨ 属于交通事故肇事逃逸车辆或者嫌疑车辆的。

学车提示

① 交通警察应当在扣留车辆后24h内，将被扣留车辆交所属公安机关交通管理部门。

② 公安机关交通管理部门扣留车辆的，不得扣留车辆所载货物。对车辆所载货物应当通知当事人自行处理，当事人无法自行处理或者不自行处理的，应当登记并妥善保管，对容易腐烂、损毁、灭失或者其他不具备保管条件的物品，经县级以上公安机关交通管理部门负责人批准，可以在拍照或者录像后变卖或者拍卖，变卖、拍卖所得按照有关规定处理。

③ 逾期不来接受处理，并且经公告三个月仍不来接受处理的，对扣留的车辆依法处理。

2）扣留机动车驾驶证

有下列情形之一的，依法扣留机动车驾驶证：

① 饮酒、醉酒后驾驶机动车的。

② 机动车驾驶人将机动车交由未取得机动车驾驶证或者机动车驾驶证被吊销、暂扣的人驾驶的。

③ 机动车行驶速度超过规定时速 50% 的。

④ 驾驶拼装或者已经达到报废标准的机动车的。

⑤ 发生重大交通事故，构成犯罪的。

⑥ 在一个记分周期内累积记分达到 12 分的。

学车提示

① 交通警察应当在扣留机动车驾驶证后 24h 内，将被扣留机动车驾驶证交到所属公安机关交通管理部门。

② 驾驶人应当在 15 日内到公安机关交通管理部门接受处理。

③ 对违法行为人作出罚款处罚的，作出处罚决定后，应当立即发还机动车驾驶证。对一个记分周期内累积记分达到 12 分情形的，扣留机动车驾驶证至考试合格之日。

3）拖移机动车

违反机动车停放、临时停车规定，驾驶人不在现场或者虽在现场但拒绝立即驶离，妨碍其他车辆、行人通行的，公安机关交通管理部门及其交通警察可以将机动车拖移至不妨碍交通的地点或者指定的地点。

学车提示

① 公安机关交通管理部门应当公开拖车查询电话，并通过标志牌或者其他方式告知当事人。当事人可以通过电话查询接受处理的地点、期限和被拖移机动车的停放地点。

② 违法行为人接受处理后，应当及时发还机动车。

4）收缴非法装置

有下列情形之一的，可以收缴非法装置：

① 非法安装警报器、标志灯具的。

② 自行车、三轮车安装动力装置的。

③ 加装其他与注册登记项目不符且影响车辆安全的装置的。

学车提示

交通警察收缴非法装置的，应当在24h内，将被收缴的非法装置交到所属公安机关交通管理部门。对收缴的非法装置除作为证据保存外，经县级以上公安机关交通管理部门批准后，予以销毁。

5）检验体内酒精、国家管制的精神药品、麻醉药品含量

有下列情形之一的，对其检验体内酒精、国家管制的精神药品、麻醉药品含量：

① 对酒精呼吸测试的酒精含量有异议的。

② 经呼吸测试超过醉酒临界值的。

③ 酒后驾驶车辆发生交通事故的。

④ 涉嫌服用国家管制的精神药品、麻醉药品后驾驶机动车的。

学车提示

① 对酒后行为失控的，可以使用约束带或者警绳等约束性警械。

② 公安机关交通管理部门应当将抽取的血液或者提取的尿液及时送交有检验资格的机构进行检测，并将检测结果书面告知违法行为人。

(2) 行政强制措施的执行程序

公安机关交通管理部门实施行政强制措施应当依据法律规定的执行程序实施。

① 口头告知其违法行为的基本事实、拟作出的处罚、依据及其依法享有的权利。

② 听取违法行为人的陈述和申辩，违法行为人提出的事实、理由或者证据成立的，应当采纳。

③ 制作行政强制措施凭证。行政强制措施凭证应当由当事人签名、交通警察签名或盖章、公安机关交通管理部门盖章。当事人拒绝签名的，交通警察应当在行政强制措施凭证上注明。

④ 将行政强制措施凭证当场交付当事人。当事人拒收的，交通警察应当在行政强制措施凭证上注明。

⑤ 公安机关交通管理部门做出行政强制措施决定的，可以由一名交通警察实施。

(3) 行政处罚

1）行政处罚种类

道路交通安全违法行为的行政处罚种类包括警告、罚款、暂扣机动车驾驶证、吊销机动车驾驶证、拘留。

2）行政处罚执行程序

① 一人有两种以上交通违法行为的，应分别处罚，合并执行。

② 对行人、乘车人和非机动车驾驶人的罚款，当事人无异议的，由交通警察当场收缴罚款。

③ 对不履行处罚决定的，可以行政拘留或者强制执行。强制执行前当事人有权进行陈述和申辩。

④ 当事人自收到处罚决定书之日起 15 日内，去指定银行交罚款。过期不缴者，每日按罚款数额的 3% 加处罚款。此外还可以申请人民法院强制执行。

4. 道路交通事故处理的规定

道路交通事故处理有三种方法：一是当事人自行协商解决交通事故，二是交通警察适用简易程序处理交通事故，三是交通警察适用一般程序处理交通事故。

(1) 一般交通事故现场处置

交通事故现场是公安机关交通管理部门对事故判断性质、分析成因、作出认定、确定当事人责任的基础。根据相关法律法规的规定，发生交通事故后，车辆驾驶人应当立即停车，保护现场，并根据不同情形分别采取相应的措施。交通事故现场是指发生交通事故的人、车、物以及有关痕迹、物证等所处的空间。

1）较轻微交通事故

在道路上机动车之间造成车物损失或者人员轻微伤且车辆能移动的交通事故，驾驶人应当立即停车，开启危险报警闪光灯，夜间还须开启示廓灯的后位灯，相互记下车牌号和联系方式后，在确保安全的情况下，迅速将车辆移至不妨碍交通的地点协商解决。

2）轻微交通事故

对于机动车之间造成车物损失或者人员轻微伤，且车辆能移动的交通事故，驾驶人应标划现场，迅速将车辆移至不妨碍交通的地点报警，等候交通警察处理。

3）特殊交通事故

机动车之间造成车物损失或者人员轻微伤，且车辆能移动的交通事故，有下列情形之一的，驾驶人应立即报警，在现场等候交通警察处理：

① 车辆无号牌的。

② 驾驶人无驾驶证的。

③ 机动车驾驶人饮酒的。

4）自身车辆损坏交通事故

机动车发生单方交通事故仅造成自身车辆损坏的，驾驶人应迅速将车辆移至不妨碍交通的地点向保险公司报案，等候保险公司处理。

5）严重交通事故

发生机动车与非机动车、行人之间的交通事故，或者机动车之间的交通事故造成人员伤亡的，驾驶人应采取下列措施：

① 不得移动肇事车辆及现场与事故相关的散落物，造成人员伤亡的，应当立即抢救受伤人员，及时拨打“120、999”急救电话，请专业医护人员进行救护，因抢救受伤人员变动现场的，应当标明位置。

②迅速报告执勤的交通警察或拨打报警电话，等候交通警察处置现场。

③及时开启危险报警闪光灯，白天在车后50m、夜间100m以外设置反光警告标志；夜间还应开启示廓灯和后位灯。

④驾驶人和乘车人应立即离开车辆移到右侧路肩、车行道以外或其他安全的位置，转移时注意来往的车辆，避免再次发生事故。

⑤设置和回收标志应面对来车，随时观察，确保自身安全。

⑥已投保机动车保险的车辆，驾驶人应及时通知保险公司。

(2) 高速公路事故现场处置

在高速公路上发生故障或交通事故时，驾驶人应当立即开启危险报警闪光灯，将机动车移至不妨碍交通的地方停放；难以移动的，应当持续开启危险报警闪光灯，并在来车方向设置警告标志等措施扩大示警距离，必要时迅速报警。警告标志应当设置在故障车来车方向150m以外，车上人员应当迅速转移到右侧路肩上或者应急车道内，并且迅速报警。

机动车在高速公路上发生故障或者交通事故，无法正常行驶的，应当由救援车、清障车拖曳、牵引。

(3) 当事人自行协商事故处理

1）自行解决交通事故范围

当机动车之间发生的仅造成车物损失或者人员轻微伤，且车辆能移动的交通事故，当事人应挪移车辆自行撤离现场协商解决。

2）事故赔偿

双方车辆均在本市投保了机动车交通事故责任强制保险的，当事人应相互查验驾驶证和保险凭证，自行确定赔偿责任，并向各自保险公司报案，在获得保险公司报案号后，填写《机动车交通事故快速处理协议书》，签字后协商办理理赔手续。

学车提示

① 一方全责，一方无责。由事故当事人驾驶事故车辆共同到全责方保险公司办理理赔手续。全责方保险公司对双方事故车辆进行查勘定损，并按照有关规定进行赔付。

② 双方同等责任。双方可以就近到任何一方保险公司办理定损。受理保险公司应无条件为事故车辆查勘定损，并向事故当事人出具双方车辆的定损单、定损照片等理赔材料。

3）事故现场的强制撤离

交通警察适用简易程序处理道路交通事故时，在固定现场证据后，责令当事人撤离现场，恢复交通。对应该自行撤离现场而未撤离的当事人，可责令撤离现场，对造成交通堵塞的驾驶人处200元罚款。

5. 道路交通安全违法行为的刑事法律责任

(1) 交通肇事罪

违反交通运输管理法规，因而发生重大事故，致人重伤、死亡或者使公私财产遭受重大损失的，处3年以下有期徒刑或者拘役；交通运输肇事后逃逸或者有其他特别恶劣情节的，处3年以上7年以下有期徒刑；因逃逸致人死亡的，处7年以上有期徒刑。

(2) 危险驾驶罪

在道路上驾驶机动车追逐竞驶，情节恶劣的，或者在道路上醉酒驾驶机动车的，处拘留并处罚金。

6. 交通信号灯常识

交通信号灯是指在道路上约束车辆、行人交通行为的特定信号灯。

(1) 机动车信号灯

① 交叉路口红灯亮表示禁止车辆通行，车辆必须停在停止线以外（白色实线为停止线）。

② 绿灯亮表示允许通行。

③ 黄灯亮表示警示，黄灯闪烁时确保安全可以通行，黄灯亮时禁止通行，但已越过停止线的车辆可以继续通行。

机动车信号灯

(2) 车道灯

绿色箭头朝上（左、右），允许直行（左转、右转），红色箭头灯或叉形灯亮时，禁止本车道车辆通行。

车道灯

(3) 非机动车信号灯

在设置非机动车信号灯的路口，非机动车（如自行车）应当按照非机动车信号灯的指示通行。

非机动车信号灯

(4) 人行横道信号灯

人行横道信号灯，红灯亮禁止行人通行，绿灯亮准许行人通行，绿灯闪烁时已进入人行横道的行人抓紧时间通过，未进入人行横道的行人禁止通行。

红灯亮

绿灯亮

(5) 闪光警告信号灯

闪光警告信号灯

闪光警告信号灯为持续闪烁的黄灯，提示车辆、行人通行时注意瞭望，确认安全后通过。这种灯没有控制交通先行和让行的作用，有的悬于路口上空，有的在交通信号灯夜间停止使用后仅用其中的黄灯加上闪光，以提醒车辆、行人注意前方是交叉路口，要谨慎行驶，认真观望，安全通过。在闪光警告信号灯闪烁的路口，车辆、行人通行时，既要遵守确保安全的原则，同时还应遵守没有交通信号或交通标志控制路口的通行规定。

7. 交通标线常识

交通标线是由标划于路面上的各种线条、箭头、文字、立面标记、突起路标和轮廓标等所构成的交通安全设置，起到引导车辆行驶的作用。常见交通标线分为指示标线、禁止标线、警告标线 3 种类型，其颜色一般为白色或黄色。

(1) 指示标线

指示标线用以指示车行道、行车方向、路面边缘、人行道等设施。

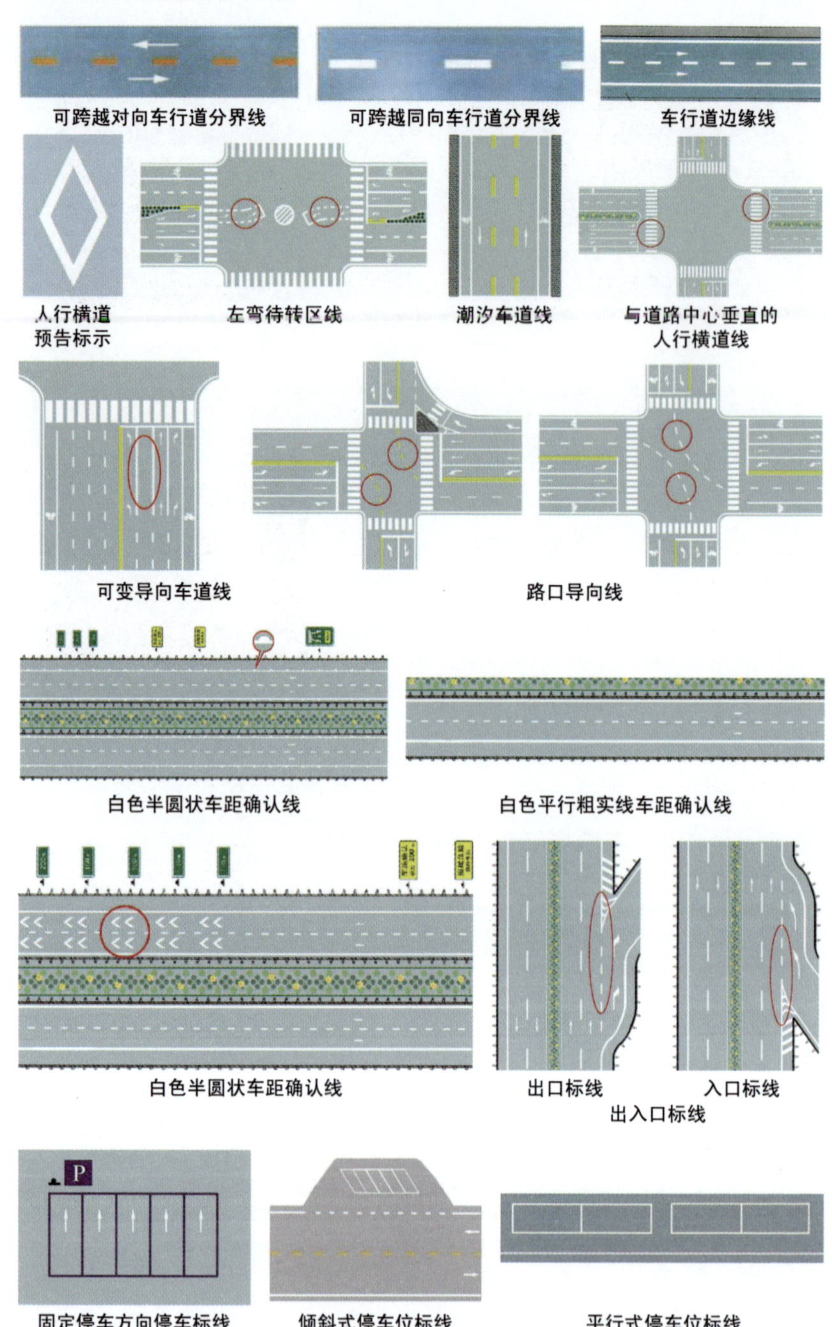
可跨越对向车行道分界线
可跨越同向车行道分界线
车行道边缘线
人行横道预告标示
左弯待转区线
潮汐车道线
与道路中心垂直的人行横道线
可变导向车道线
路口导向线
白色半圆状车距确认线
白色平行粗实线车距确认线
白色半圆状车距确认线
出口标线
入口标线
出入口标线
固定停车方向停车标线
倾斜式停车位标线
平行式停车位标线

垂直式停车位标线

出租车专用待客停车位标线

出租车专用上下客停车位标线

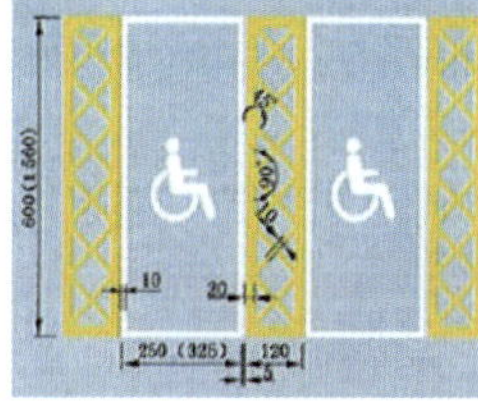

残疾人专用车辆停车

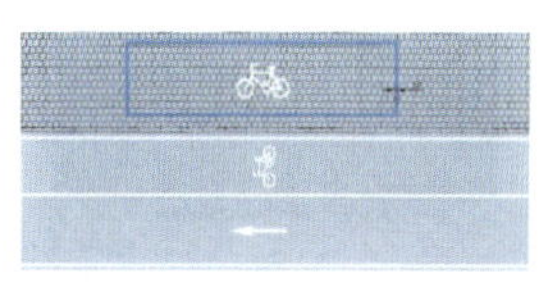

非机动车专用停车位

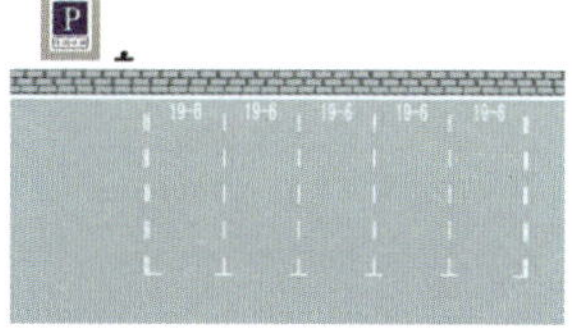

垂直式机动车限时停车位标线

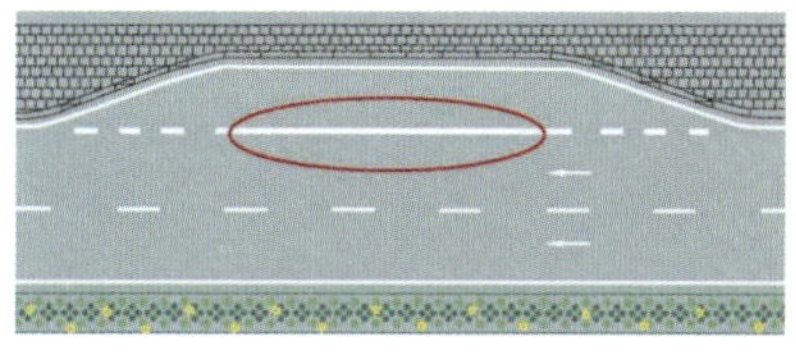

港湾式停靠站标线

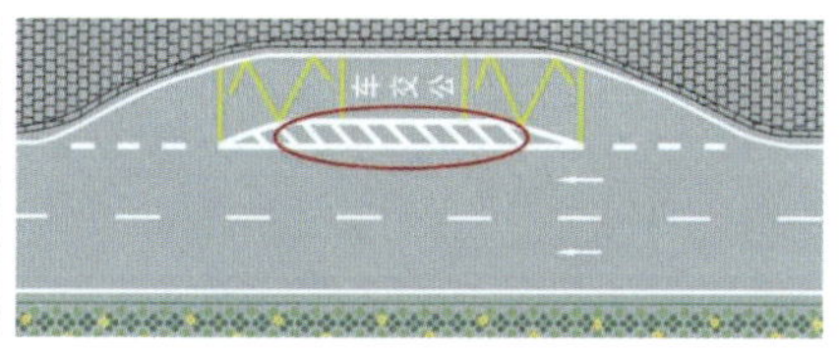

车种专用港湾式停靠站标线

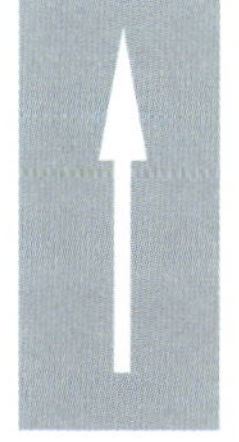

直行

直行或左转

直行或右转

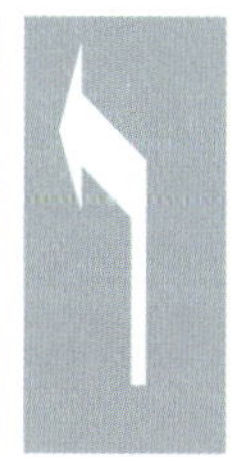

左转

右转

掉头

直行或掉头

左转或掉头

左右转弯

非机动车路面标志

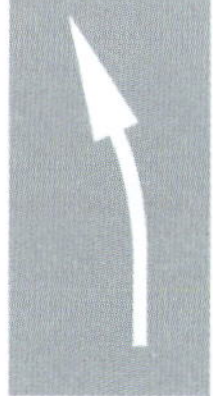

左转或需向左合流

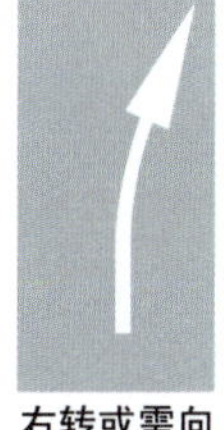

右转或需向右合流

速度限制标志（最低限速数字用白色，最高限速数字颜色为黄色）

(2) 禁止标线

禁止标线用以告示道路交通的遵行、禁止、限制等特殊规定，车辆驾驶人及行人需严格遵守。

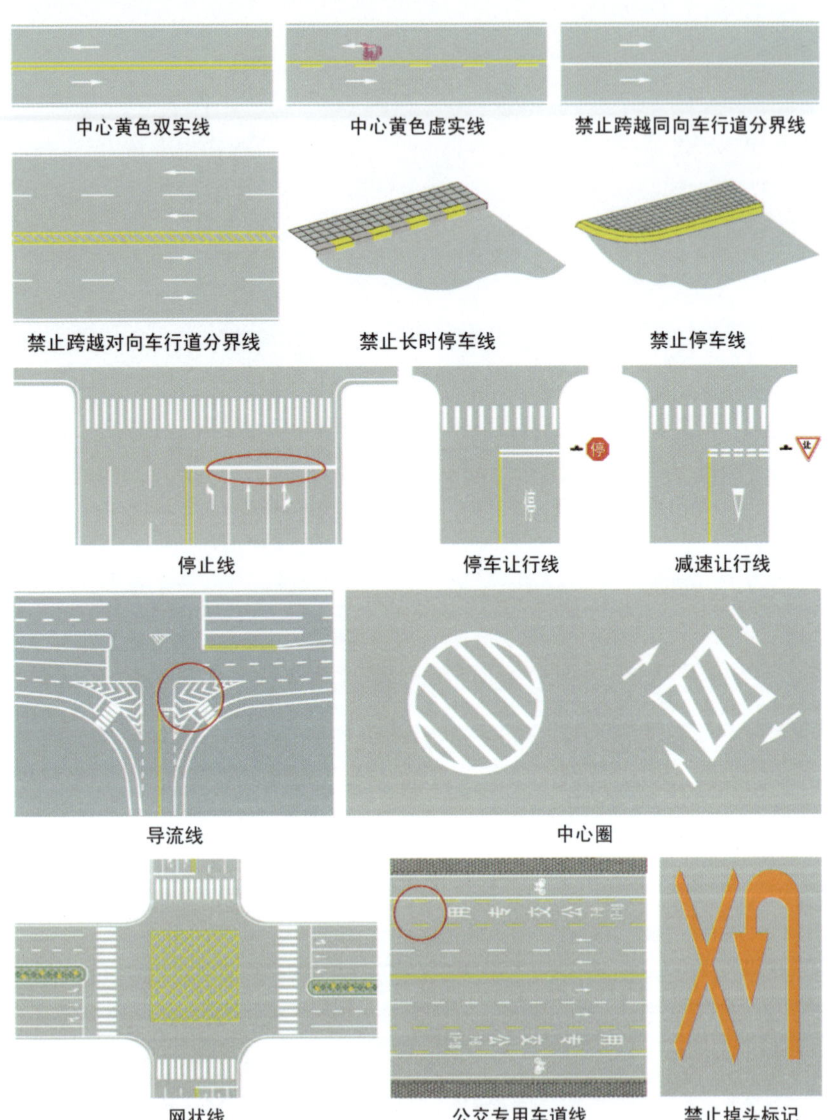

中心黄色双实线 中心黄色虚实线 禁止跨越同向车行道分界线

禁止跨越对向车行道分界线 禁止长时停车线 禁止停车线

停止线 停车让行线 减速让行线

导流线 中心圈

网状线 公交专用车道线 禁止掉头标记

(3) 警告标线

警告标线用以促使车辆驾驶人及行人了解道路上的特殊情况，提高警觉，准备防范应变措施。

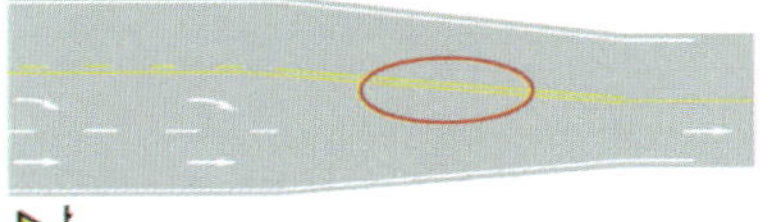

路面（车行道）宽度渐变段标线

接近障碍物标线

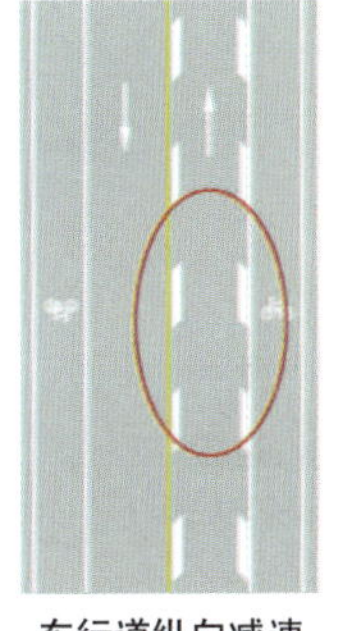

车行道纵向减速标线渐变段

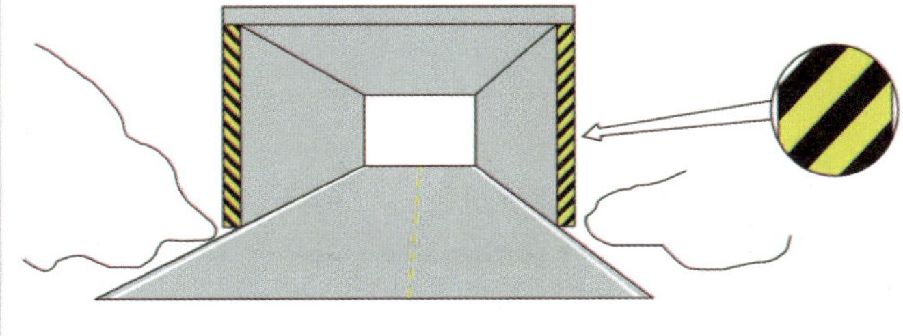

立面标记

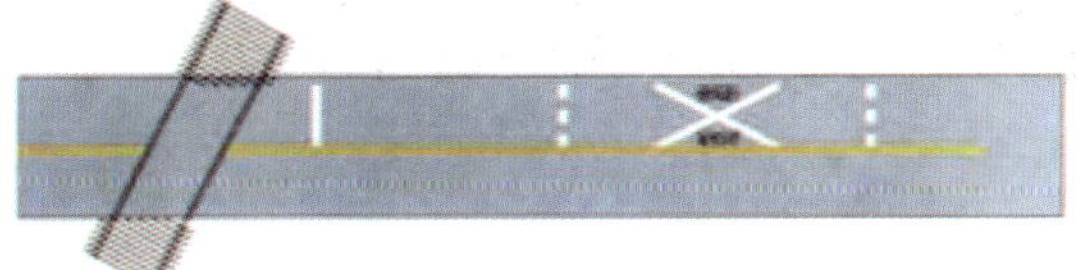

铁路平交道口标线

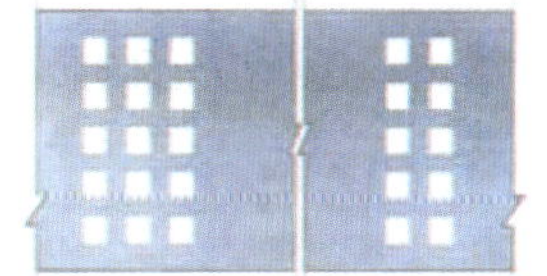

收费广场减速标线

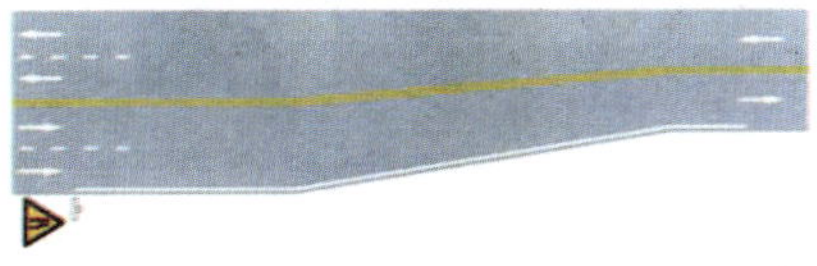

四车道缩减为双车道

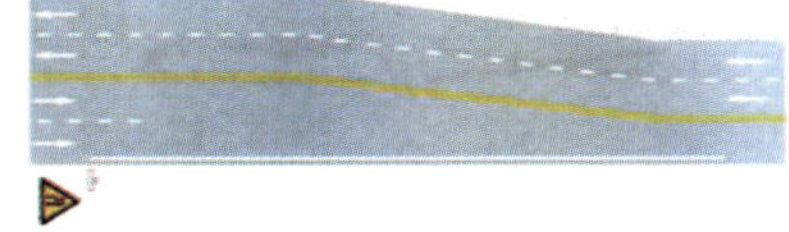

四车道缩减为三车道

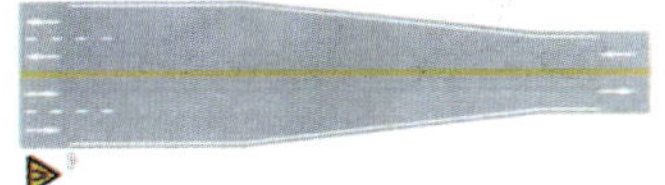

四车道缩减为两车道

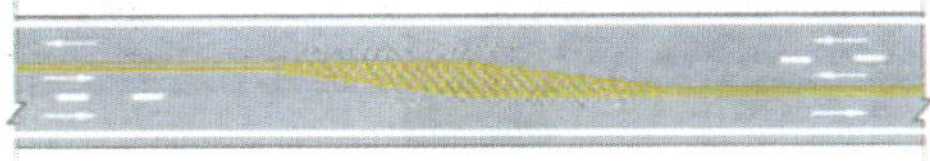

三车道斑马线过渡

8. 交通标志常识

交通标志主要包括警告标志（黄色）、禁令标志（红色）、指示标志（蓝色）、指路标志（蓝、绿色）、旅游区标志（褐色）、作业区标志、辅助标志（黑白色）、告示标志（黑白色）8 种。

(1) 警告标志

警告标志是警告车辆、行人注意危险地点的标志，颜色为黄底、黑边、黑图案，形状为等边三角形，顶角向上。驾驶人见到警告标志后，应引起注意，谨慎驾驶，减速慢行。

十字交叉

T 形交叉

Y 形交叉

环形交叉

向左急弯路

向右急弯路

反向弯路

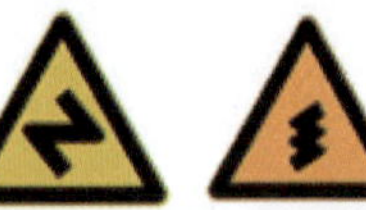

连续弯路

上陡坡

下陡坡

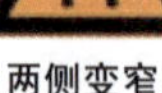

两侧变窄

右侧变窄

左侧变窄

窄桥

双向交通

注意行人

注意儿童

注意牲畜

注意信号灯

注意落石

注意横风

易滑

傍山险路

堤坝路

村庄

隧道

渡口

驼峰桥

路面不平

过水路面

有人看守铁路道口

注意非机动车

事故易发路段

慢行

施工

注意危险

无人看守铁路道口

(2) 禁令标志

禁令标志是禁止或限制车辆、行人交通行为的标志，颜色除个别标志外，为白底、红圈、黑图案、图案压杠，形状分为圆形、八角形、顶角向下的等边三角形。

禁止通行

禁止驶入

禁止机动车通行

禁止载货汽车通行

禁止三轮机动车通行

禁止大型客车通行

禁止小型客车通行

禁止汽车拖、挂车通行

禁止拖拉机通行

禁止农用运输车通行

禁止二轮摩托车通行

禁止某两种车通行

禁止非机动车通行

禁止畜力车通行

禁止人力货运三轮车通行

禁止人力客运三轮车通行

禁止人力车通行

禁止骑自行车下坡

禁止骑自行车上坡　禁止行人通行　禁止向左转弯　禁止向右转弯　禁止直行　禁止向左向右转弯

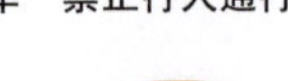

禁止直行和向左转弯　禁止直行和向右转弯　禁止掉头　禁止超车　解除禁止超车　禁止车辆临时或长时停放

禁止车辆长时停放　禁止鸣喇叭　限制宽度　限制高度　限制质量　限制轴重

限制速度　解除限制速度　停车检查　停车让行　减速让行　会车让行

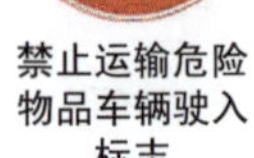

禁止运输危险物品车辆驶入标志　海关

(3) 指示标志

指示标志是指示车辆、行人行进的标志，颜色为蓝底、白图案，形状分为圆形、长方形和正方形。

直行　向左转弯　向右转弯　直行和向左转弯　直行和向右转弯　向左和向右转弯

靠右侧道路行驶

靠左侧道路行驶

立交直行和左转弯行驶

立交直行和右转弯行驶

环岛行驶

步行

鸣喇叭

最低限速

单行路标志（向右和向左）

单行路直行

路口优先通行标志

会车先行

人行横道

右转车道

直行车道

直行和右转合用车道

分向行驶车道

公交线路专用车道

机动车行驶

机动车车道

非机动车行驶

非机动车车道

允许掉头

快速公交系统专用车道

多成员车辆专用车道

地点距离

(4) 指路标志

指路标志是传递道路方向、地点、距离信息的标志，形状为长方形，颜色为蓝底、白色图案、高速公路指路标志为绿底、白色图案。

1）一般道路指路标志

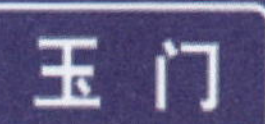

地名

黄河大桥

著名地点

北京界

行政区划分界

顺义道班　平谷道班

道路管理分界

G105

国道编号

S203

省道编号

X008

县道编号

Y002

乡道编号

互通式立交

长椿街　宣武门　前门
前方 300m

交叉路口预告

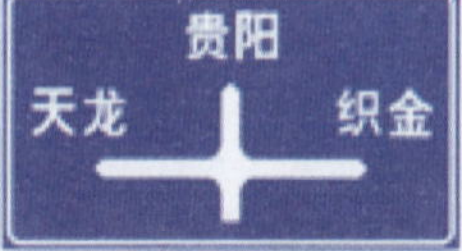

十字交叉路口

十字交叉路口

十字交叉路口

十字交叉路口

西单　平安里

丁字交叉路口

丁字交叉路口

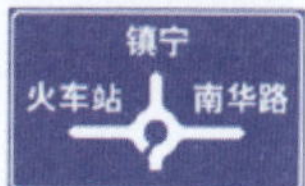

环形交叉路口

环形交叉路口

互通式立交

互通式立交

互通式立交

互通式立交

分岔处

横沥 3km
中山 35km
珠海 65km

地点距离

地点识别标志

地点识别标志

地点识别标志

地点识别标志

地点识别标志

地点识别标志

地点识别标志

地点识别标志

地点识别标志

东 陵

地点识别标志

地点识别标志

告示牌

告示牌

告示牌

告示牌

告示牌

告示牌

告示牌

告示牌

告示牌

告示牌

停车场

收 费

停车场

免 费

停车场

错车道

人行天桥（左）和人行地下通道（右）

绕行标志

绕行标志

绕行标志

此路不通

残疾人专用设施

车道数变少

车道数增加

交通监控设备

隧道出口距离预告

应急避难场所

观景台

休息区

室内停车场

2）高速公路指路标志

入口预告
1km 前预告高速公路入口

入口预告
500m 前预告高速公路入口

入口预告
200m 前预告高速公路入口

入口预告
通过互通立交进入高速公路的入口预告标志

入口预告
从省道进入高速公路的入口预告标志

入口预告
通向高速公路两个方向的入口预告

入口预告
高速公路入口的地点方向

入口预告
通向高速公路某方向的入口预告

入口

起点

终点预告

终点提示

终点

下一出口预告

下一出口预告

出口编号预告

出口预告

出口预告

出口预告

右侧出口预告

出口预告
车辆需走直行车道，由“14B”出口

出口预告
车辆需走减速车道，由“14A”出口

出口预告

出口

出口

出口

地点方向

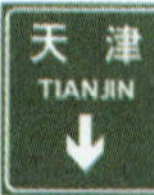

地点方向

地点方向

地点方向

地点方向

地点方向

地点方向

地点距离

不设电子不停车收费（ETC）车道的收费站预告

不设电子不停车收费（ETC）车道的收费站预告

收费站预告

收费站

紧急电话

电话位置指示

电话位置指示

加油站

紧急停车带

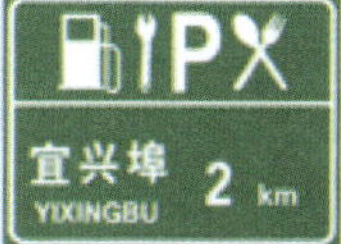

服务区预告

服务区预告

服务区预告

服务区预告

停车区预告

停车区预告

停车区预告

停车场预告

停车场预告

停车场

爬坡车道

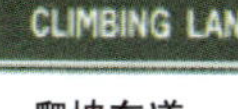

爬坡车道

爬坡车道

爬坡车道

车距确认

车距确认

车距确认

车距确认

车距确认

道路交通信息

道路交通信息

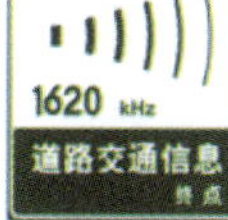

道路交通信息

里程牌

百米牌

分流

合流

线形诱导标基本单元　线形诱导标基本单元

ETC 车道指示

基本单元组合使用

基本单元组合使用

基本单元组合使用

右侧通行

左侧通行

两侧通行

特殊天气建议速度

停车领卡

(5) 旅游区标志

旅游区标志是提供旅游景点方向、距离的标志，包括指引标志和旅游符号，颜色为棕色底，白色字符图案，形状为长方形和正方形。

旅游区方向

旅游区距离

问询处

徒步

索道

野营地

营火

游戏场

骑马

钓鱼

高尔夫球

潜水

游泳

划船

冬季浏览区

滑雪

滑冰

(6) 作业区标志

作业区标志是通告道路施工区通行的标志，用以提醒车辆驾驶人和行人注意施工路段情况，确保交通安全。

施工路栏

施工路栏

锥形交通标　锥形交通标　道口标柱

前方施工

道路施工

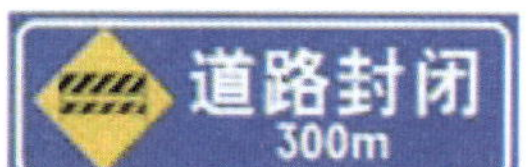

道路封闭

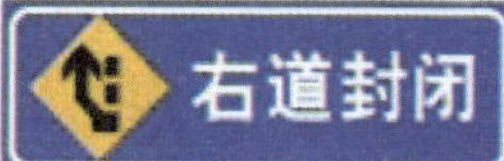

右道封闭

左道封闭

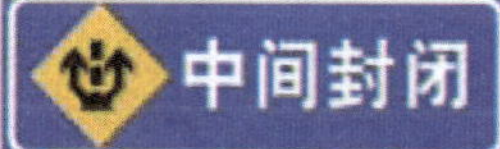

中间封闭

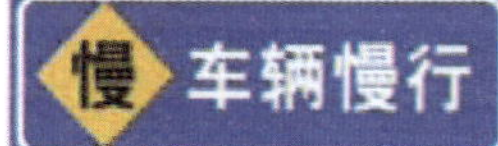

车辆慢行

向左行驶

向右行驶

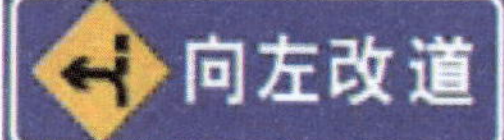

向左改道

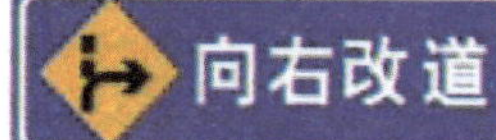

向右改道

移动型施工标志

(7) 辅助标志

凡主标志无法完整表达或指示其内容时，为维护行车安全和交通畅通，设置辅助标志。颜色为白色、黑字、黑边框，形状为长方形。附设在主标志下，起辅助说明作用。

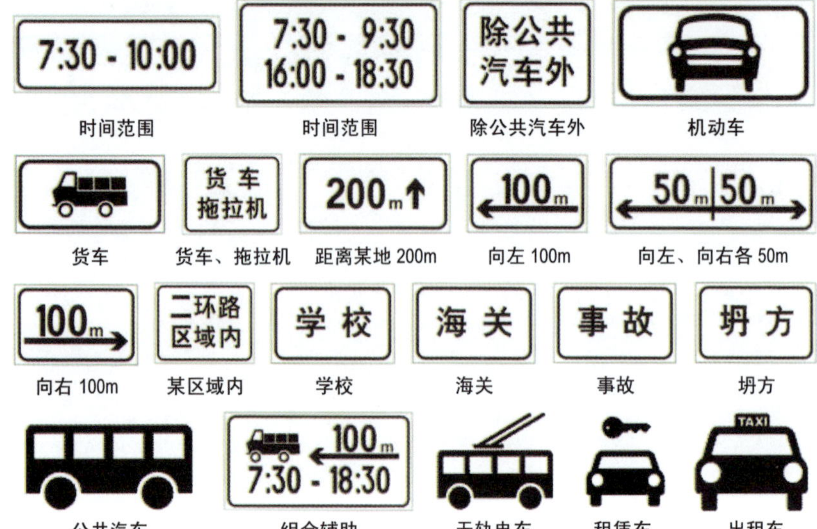

时间范围 时间范围 除公共汽车外 机动车

货车 货车、拖拉机 距离某地200m 向左100m 向左、向右各50m

向右100m 某区域内 学校 海关 事故 坍方

公共汽车 组合辅助 无轨电车 租赁车 出租车

(8) 告示标志

告示标志用以解释、指引道路设施、路外设施或者告示有关道路法律、法规的内容，一般为白底、黑字、黑图形、黑边框，版面中的体现标识如果需要可采用彩色图案。

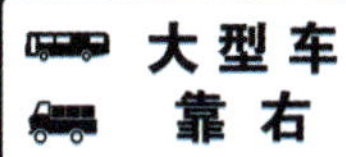

9. 交通警察指挥手势

交通警察指挥手势分为8种信号，分别为停止信号、直行信号、左转弯信号、左转弯待转信号、右转弯信号、变道信号、减速慢行信号、车辆靠边停车信号，具体的姿势如下：

遇到交通警察现场指挥时，应当按照交通警察的指挥通行。

(1) 停止信号　　(2) 直行信号

(3) 左转弯信号

(4) 左转弯待转信号

(5) 右转弯信号

(6) 变道信号

(7) 减速慢行信号

(8) 车辆靠边停车信号

10. 通行规则常识

(1) 一般通行规则

1）靠右通行规则

机动车、非机动车实行右侧通行。

2）实行分道通行规则

根据道路条件和通行需要，道路划分为机动车道、非机动车道和人行道的，机动车、非机动车、行人实行分道通行。没有划分机动车道、非机动车道和人行道的，机动车在道路中间通行，非机动车和行人在道路两侧通行。

靠右通行规则

实行分道通行规则

3）专用车道通行规则

道路划设专用车道的，在专用车道内，只准许规定的车辆通行，其他车辆不得进入专用车道内行驶。

4）通行顺序

车辆、行人应当按照交通信号通行；遇有交通警察现场指挥时，应当按照交通警察的指挥通行；在没有交通信号的道路上，应当在确保安全、畅通的原则下通行。

专用车道通行规则

按照交通警察的指挥通行

5）交通管制原则

交通管制

① 公安机关交通管理部门根据道路和交通流量的具体情况，可以对机动车、非机动车、行人采取疏导、限制通行、禁止通行等措施。

② 遇有自然灾害、恶劣气象条件或者重大交通事故等严重影响交通安全的情形，采取其他措施难以保证交通安全时，公安机关交通管理部门可以实行交通管制。

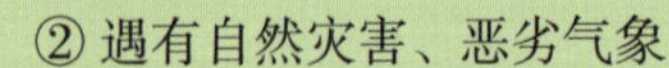

(2) 高速公路通行规则

1）高速公路通行原则

行人、非机动车、拖拉机、轮式专用机械车、铰接式客车、全挂拖斗车以及其他设计最高时速低于 70 km 的机动车，不得进入高速公路。高速公路限速标志标明的最高时速不得超过 120km/h。

高速公路通行

2）高速公路通行规定

任何单位、个人不得在高速公路上拦截检查行驶的车辆，公安机关的人民警察依法执行紧急公务除外。

公安机关的人民警察依法执行紧急公务

第3章 汽车构造基础知识

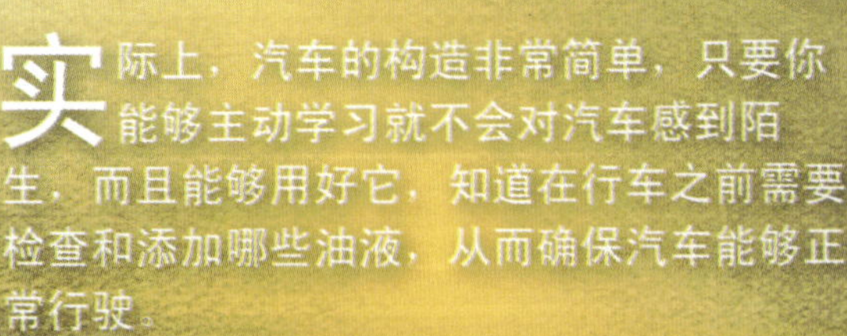

实际上，汽车的构造非常简单，只要你能够主动学习就不会对汽车感到陌生，而且能够用好它，知道在行车之前需要检查和添加哪些油液，从而确保汽车能够正常行驶。

1. 汽车基本构造

汽车主要由发动机、底盘、车身、电器与电子设备四大部分组成。

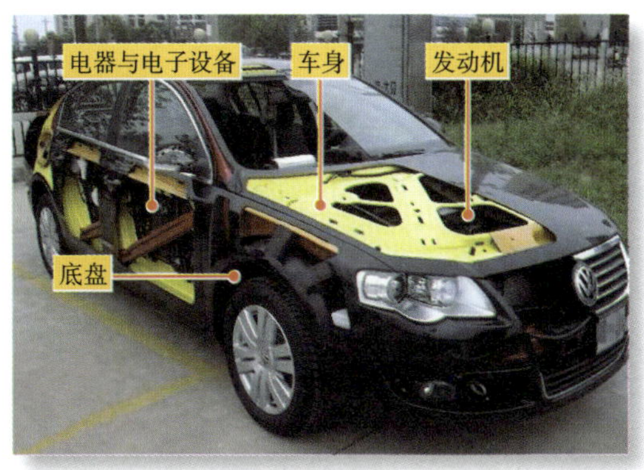

汽车基本构造

(1) 发动机

1）汽车发动机的作用

汽车发动机是汽车的动力源，它是把汽油燃烧产生的热能转变成机械能的机器，并且这种能量转换过程是在发动机气缸内部进行的。

发动机

2）发动机的工作原理

汽车发动机工作时必须经过进气，把可燃混合气（或新鲜空气）

引入气缸；然后将进入气缸的可燃混合气（或新鲜空气）进行压缩，在压缩接近终点时点燃可燃混合气；可燃混合气着火燃烧，膨胀推动活塞下行实现对外做功；最后排出燃烧后的废气。

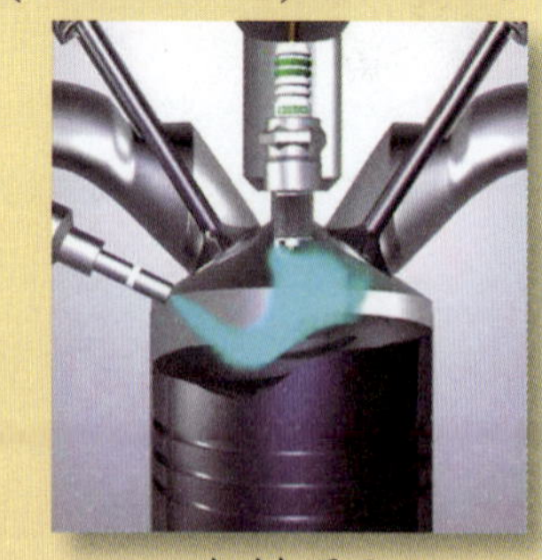
发动机原理

3）发动机总体构造

发动机是由两大机构、五大系统组成的。两大机构包括曲柄连杆机构和配气机构；五大系统包括冷却系统、润滑系统、点火系统、燃油系统、起动系统。

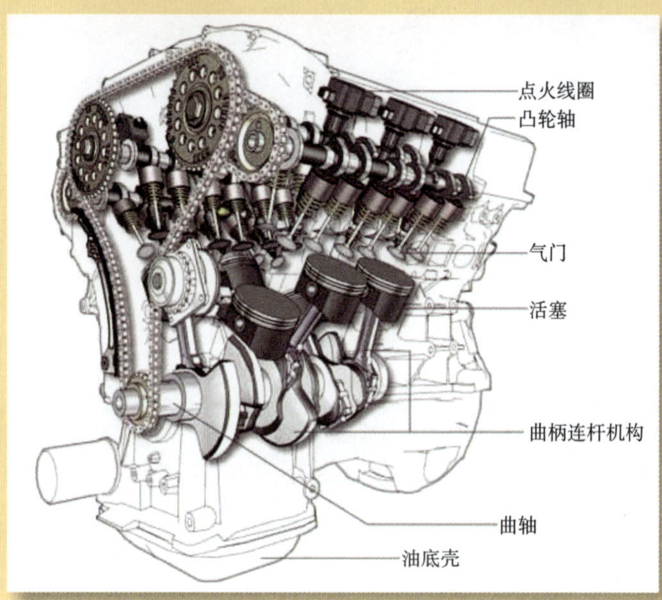

发动机总体构造

① 曲柄连杆机构

曲柄连杆机构是发动机实现工作循环，完成能量转换的主要运动零件。它由机体组、活塞连杆组和曲轴飞轮组等组成。在做功行程时，将汽油燃烧以后产生的气体压力，经过活塞、连杆转变为曲轴旋转的转矩；然后利用飞轮的惯性完成进气、压缩、排气 3 个辅助行程。

② 配气机构

配气机构的功用是根据发动机的工作顺序和工作过程，定时开启

和关闭进气门和排气门，使可燃混合气或空气进入气缸，并使废气从气缸内排出，实现换气过程。进、排气门的开闭由凸轮轴控制。凸轮轴由曲轴通过齿形带或齿轮或链条驱动。进、排气门和凸轮轴以及其他一些零件共同组成配气机构。

③ 冷却系统

冷却系统的功用是将受热零件吸收的部分热量及时散发出去，保证发动机在最适宜的温度状态下工作。水冷发动机的冷却系通常由冷却水套、水泵、风扇、散热器、节温器等组成。

④ 润滑系统

润滑系统的功用是向作相对运动的零件表面输送定量的清洁润滑油，以实现液体摩擦，减小摩擦阻力，减轻机件的磨损，并对零件表面进行清洗和冷却。润滑系通常由润滑油道、机油泵、机油滤清器和一些阀门等组成。

⑤ 点火系统

在汽油发动机中，气缸内的可燃混合气是靠电火花点燃的，为此在汽油机的气缸盖上装有火花塞，火花塞头部伸入燃烧室内。能够按时在火花塞电极间产生电火花的全部设备称为点火系。点火系通常由蓄电池、发电机、点火线圈和火花塞等组成。

⑥ 燃油系统

燃油系统的功用是根据发动机的要求，供给一定数量的燃油，供入气缸，并将燃烧后的废气从气缸内排出到大气中去。

⑦ 起动系统

起动系统使发动机由静止状态过渡到工作状态。起动系统主要依靠起动机带动发动机的曲轴转动，使活塞作往复运动，气缸内的可燃混合气燃烧膨胀做功，推动活塞向下运动使曲轴旋转自行运转。

(2) 底盘

底盘由传动系统、行驶系统、转向系统和制动系统四部分组成。它主要支承、安装汽车发动机及其各部件、总成，形成汽车的整体结构，承受发动机动力，保证正常行驶。

底盘

1）传动系统

传动系统的主要部件为离合器、变速器、万向传动装置以及驱动桥（后驱车）。传动系统可将发动机发出的动力传递到驱动车轮，并承担了减速增矩、变速、倒车、中断动力、轮间差速和轴间差速等功能。与发动机配合工作，保证汽车在各种工况条件下的正常行驶，并具有良好的动力性和经济性。

2）行驶系统

行驶系统由车架、车桥、车轮和悬架系统构成，行驶系统的作用包括：

① 接受传动系的动力，通过驱动轮与路面的作用产生牵引力，使汽车正常行驶。

② 承受汽车的总重量和地面的反力。

③ 缓和不平路面对车身造成的冲击，衰减汽车行驶中的振动，保持行驶的平顺性。

④ 与转向系配合，保证汽车操纵稳定性。

3）转向系统

转向系统包括转向盘、转向柱、转向机、助力转向系统等。转向系统的功用是保证汽车能按照驾驶人的意愿进行直线或转向行驶。按转向能源的不同，转向系统可分为机械转向系统和动力转向系统两大类。

4）制动系统

制动系统可分为行车制动系统、驻车制动系统、应急制动系统及辅助制动系统等，其中行车制动系统和驻车制动系统是每一辆汽车都必须具备的系统。制动系统的作用包括：

① 使行驶中的汽车按照驾驶人的要求进行强制减速甚至停车。
② 使已停止的汽车在各种道路条件下(包括在坡道上)稳定驻车。
③ 使下坡行驶的汽车速度保持稳定。

2. 汽车驾驶操纵装置

汽车驾驶操纵装置的形态和设置部位因车型不同而有所不同，但基本作用和操作方法往往是大同小异。这些装置大都布置在驾驶人的眼、手、脚都能触及的位置，以方便观察和操作。

自动档与手动档车汽车的区别只是有无离合器，其他完全相同。自动档车没有离合器，不需要进行复杂的离合器操作，因而驾驶操作比手动档车汽车更加简单。

(1) 转向盘

转向盘是驾驶人用来控制汽车行驶方向的装置。转向盘是通过转向机构控制转向轮，向左、向右改变汽车行驶方向或保持汽车直线行驶。

(2) 加速（油门）踏板

加速踏板用来控制节气门的开度，使发动机的转速提高或降低，从而达到加速或减速的目的。

(3) 制动（刹车）踏板

制动踏板是车轮制动器的操纵装置，用以减速或停车。在踩下制动踏板产生制动作用的同时，制动灯电路接通，制动灯点亮，以警告后边随行汽车。

(4) 离合器踏板

离合器踏板是控制离合器的分离与接合的操纵装置，使发动机与传动部分进行相应的分离与接合，以便驾驶人换档操作。

(5) 驻车制动器

驻车制动器主要是防止汽车停驶时自行溜动，在紧急制动时也常使用，以辅助行车制动器增强整车的制动效能。驻车制动器根据操纵方式不同分为手驻车制动器（也称为手制动器或手刹）和脚驻车制动器。手驻车制动器通过驻车制动杆进行操纵；而脚驻车制动器通过驻车制动踏板进行操纵。

此外，高级品牌的轿车还采用了电子驻车制动器，通过操纵驻车制动器按钮即可实现驻车制动器的操作。

(6) 变速杆

变速杆是变速器的操纵装置，用以改变汽车行驶的速度和方向。驾驶人通过操纵汽车变速杆，达到更换不同档位的目的。

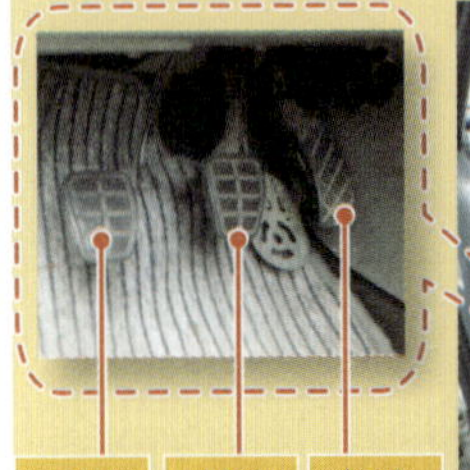

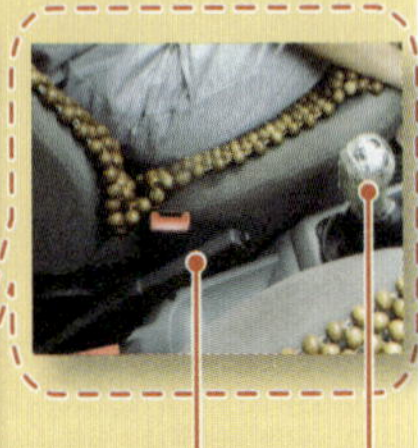

手动档车汽车驾驶操纵装置

自动档车汽车驾驶操纵装置

3. 车内仪表及指示灯

(1) 车内仪表

车内仪表主要由转速表、车速表、发动机冷却液温度表、燃油表、多功能信息显示器及仪表警告灯等组成。

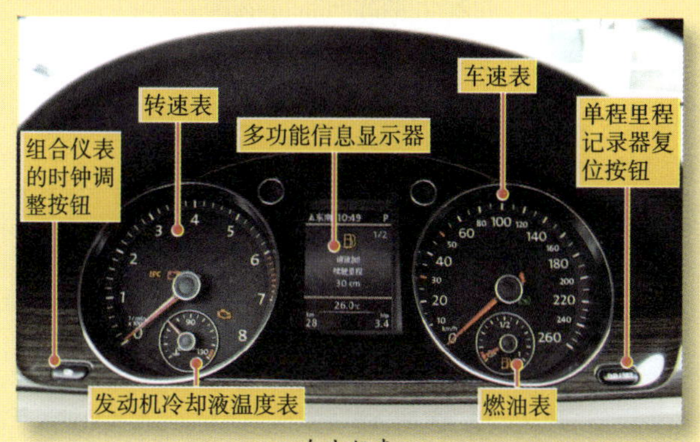

车内仪表

(2) 指示灯

序号	指示灯种类	图示	功　　用
1	废气排放指示灯		当仪表自检完成后如果该指示灯点亮表示废气排放值不正常
2	EPC 指示灯		本灯主要针对大众公司的车型，当电子节气门出现故障时，本灯亮起，车主应及时进行检修
3	发电机指示灯		显示蓄电池工作状态的指示灯。接通点火开关后亮起，发动机起动后熄灭。如果不亮或长亮不灭应立即检查发电机及电路
4	冷却液温度及液位指示灯		显示发动机冷却液温度过高的指示灯，此灯点亮报警时应停车并关闭发动机，待冷却至正常温度后再继续行驶
5	机油压力警告灯		显示发动机机油压力的指示灯，本灯亮起时表示润滑系统失去压力，可能有渗漏，此时需立即停车关闭发动机进行检查

（续）

序号	指示灯种类	图示	功　用
6	制动衬片磨损指示灯		显示制动衬片磨损情况的指示灯。正常情况下此灯熄灭，点亮时提示车主应及时更换制动衬片
7	车门指示灯		显示车门是否完全关闭的指示灯，车门打开或未能完全关闭时，相应的指示灯亮起
8	风窗清洗液液位警告灯		显示风窗清洗液储存量的指示灯，如果清洗液即将耗尽，此灯点亮，提示车主及时添加清洗液
9	燃油油位警告灯		提示燃油不足的指示灯，该灯亮起时，表示燃油即将耗尽，一般从该灯亮起到燃油耗尽之前，车辆还能行驶50km左右
10	安全带未系警告灯		显示安全带状态的指示灯，按照车型不同，该灯会亮起数秒进行提示，或者直到系好安全带才熄灭，有的车还会有声音提示
11	ABS警告灯		显示ABS系统状态的指示灯，接通点火开关后点亮，3～4s后熄灭，表示系统正常。不亮或长亮则表示系统故障，此时可以继续低速行驶，但应避免急制动
12	ESP或ASR电子稳定程序警告灯		电子稳定程序警告灯闪亮时说明ESP或ASR处于工作状态。如果在驾驶时发现该灯闪亮说明电子稳定程序发生故障
13	ESP或ASR电子稳定程序关闭警告灯		电子稳定程序关闭警告灯亮起时，说明ESP或ASR处于关闭状态，ESP和ASR均为安全辅助设备，在日常行车中对安全行驶起到了很大的辅助作用，在日常驾驶时不能关闭
14	驻车制动、制动液位、制动系统警告灯		驻车制动手柄拉起时，此灯点亮；个别车型出现制动液不足时，此灯也会点亮
15	定速巡航指示灯		当启动车速巡航控制系统并以设定的巡航车速行驶时该灯自动亮起

（续）

序号	指示灯种类	图示	功　用
16	电动助力转向警告灯		电动助力转向警告灯用于监控转向系统工作状态。正常用车时分为四种警告状态： 1）红色常亮：电动机械式转向失灵。 2）黄色常亮：电动机械式转向系作用降低。 3）红色闪烁：电子转向柱锁止装置有故障。 4）黄色闪烁：转向柱被夹紧，转向柱不能解锁或锁止
17	制动踏板指示灯		显示制动踏板工作状态，当踩下制动踏板时指示灯点亮
18	轮胎压力警告灯		如果该警告灯显示为黄色，说明胎压检测系统存在故障；如果该警告灯点亮为红色，说明胎压不足
19	雪地模式指示灯	SNOW	雪地模式是保证车辆在雪地或低附着力道路可以安全行驶的一种变速器控制模式
20	LOCK 模式指示灯	4WD 4WD LOCK	LOCK 模式指示灯亮说明车辆锁定为四驱模式

4. 汽车灯光

(1) 前部汽车灯光

前部汽车灯光包括前照灯（远光灯、近光灯）、雾灯、日间行车灯等。

前部汽车灯光位置

(2) 后部汽车灯光

后前部汽车灯光包括高位制动灯、组合式后尾灯、牌照灯等。

后部汽车灯光位置

(3) 汽车灯光的指示灯

序号	指示灯种类	图示	功　用
1	远光灯指示灯		显示前照灯是否处于远光状态，在远光灯接通或使用远光灯瞬间点亮功能（超车灯）时会亮起
2	近光灯指示灯		显示前照灯是否处于近光状态，在近光灯接通或使用近光灯瞬间点亮功能时会亮起

（续）

序号	指示灯种类	图示	功　　用
3	前雾灯指示灯		前雾灯接通时指示灯点亮
4	后雾灯指示灯		后雾灯接通时指示灯点亮
5	示宽灯指示灯		显示车辆的宽度，给过往车辆以警示和显示车辆的宽度，晚上、大雨或大雾天气使用示宽灯
6	转向信号指示灯		转向灯亮时，相应的转向信号指示灯按一定频率闪烁。按下危险警告灯按键时，两灯同时亮起

5. 汽车常用功能的按钮和开关

汽车常用功能的按钮和开关等均集中布置在驾驶人周围。为了更好地对这些功能按键等进行说明、阐述，于是将这些按键划分为驾驶人车门按键操控区、仪表台按键操控区（包括转向盘和组合仪表）、副仪表台按键操控区（主要是收音机系统和空调控制），以及变速杆处的按键操控区。下面以一汽大众迈腾轿车为例介绍汽车常用功能的按钮和开关。

汽车常用功能的按钮和开关的区域布置

(1) 驾驶人车门按键操控区

驾驶人车门按键操控区主要包括各种门窗的控制按钮。

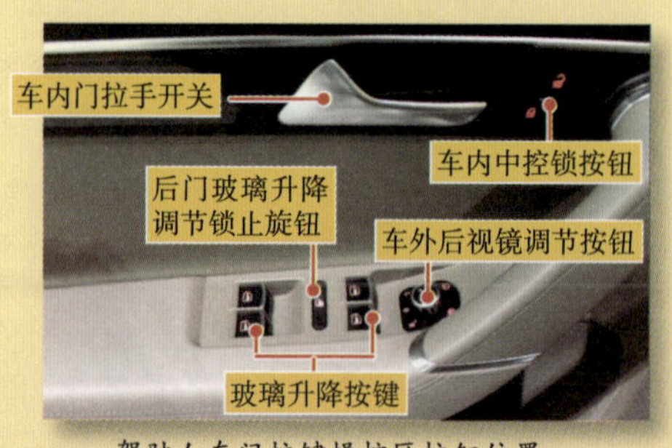

驾驶人车门按键操控区按钮位置

(2) 仪表台按键操控区

当进入驾驶座后，首先要熟悉仪表台及转向盘部分的功能按键，然后才能操纵汽车。

仪表台按键操控区按钮位置

(3) 副仪表台按键操控区

副仪表台按键操控区主要包括空调及音响系统的控制按钮。

副仪表台按键操控区按钮位置

(4) 变速杆处的按键操控区

变速杆处的按键操控区主要包括各种辅助控制系统的控制按钮。

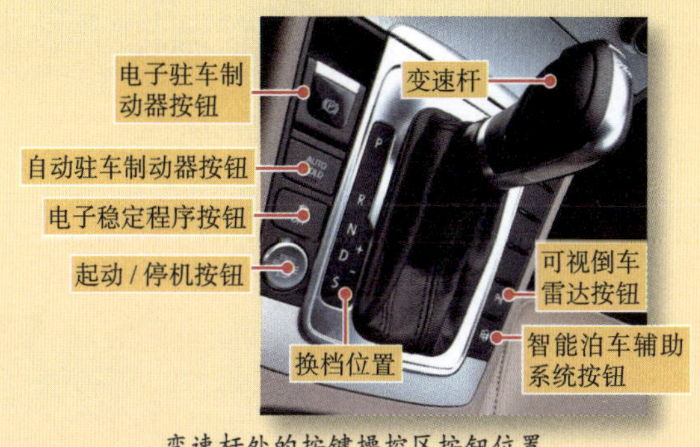

变速杆处的按键操控区按钮位置

6. 汽车油液的检查和添加

(1) 发动机机油

1）发动机机油的作用

发动机机油具有润滑减摩、密封、冷却降温、清洁、防锈防蚀五大功能，其对于保证发动机正常的工作起到至关重要的作用。

① 润滑减摩的作用。发动机机油在发动机各零部件之间形成油膜，减低阻力，使之运转更顺畅 。

② 密封的作用。发动机机油能够在活塞环和活塞之间形成有效密封，防止气体泄漏。

③ 冷却降温的作用。发动机机油能够将因摩擦使各零部件接触面产生的高热量带出缸体到机油箱，再散发在空气中使散热器冷却发动机。

④ 清洁的作用。发动机机油可以将发动机各零部件表面上产生的氧化物、油泥及其他金属颗粒通过发动机机油循环流动清除掉。

⑤ 防锈防蚀。发动机机油能吸附在零件表面，防止水、空气、酸性物质及有害气体与零件的接触。

2）发动机机油检查

① 首先要确定是热机状态，车停放在平坦水平的地方。

② 关闭点火开关熄灭发动机，然后打开发动机盖，稍等 3 ~ 4min 让发动机机油流回油底壳然后抽出发动机机油尺，用卫生纸或干净的布擦干净发动机油尺上的油，再次插入发动机机油尺，要插到底，再次抽出发动机机油尺，正常的油位是在 Min 和 Max 之间的网状区域内为合格。如果低于下限要补充同型号机油。

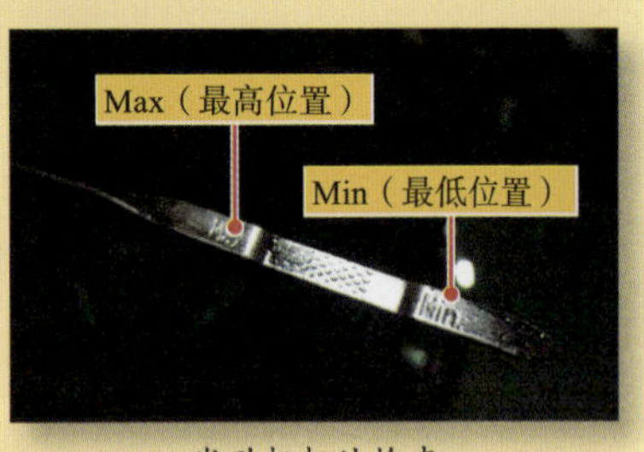

发动机机油检查

3）发动机机油补充方法

① 按逆时针方向打开加机油口盖。

② 添加发动机机油，应及时查看发动机机油的加注量，注意不要添加过量。

③ 按顺时针方向旋转并拧紧加机油口盖。

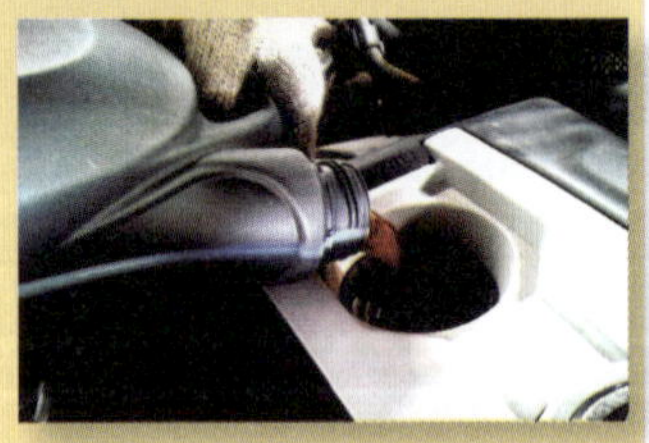
发动机机油补充

(2) 制动液

1）制动液的作用

制动液又称刹车液（油），是制动系统制动不可缺少的部分。在制动系统之中，它作为力传递的介质。因为液体是不能被压缩的，所

以从制动主缸输出的压力会通过制动液直接传递至制动轮缸之中，如果缺少制动液，要补充同型号制动液。

2）制动液补充

如果储液室中的制动液液位在最高液位标记以下，应向储液室再次补充新的制动液，使储液室的制动液液位达到最高标记处。但切不可将制动液加注到超过储液室的最高液位标记，否则，当蓄能器中的制动液排出时，制动液可能会溢出储液室。

制动液

制动液补充

(3) 动力转向助力油

动力转向助力油是加注在助力转向系统里面的一种介质油，起到传递转向力和缓冲的作用。添加时，首先拧开动力转向助力油油壶盖子，然后使用一个漏斗加注，以防止油飞溅出来。禁止灌满，灌到储液罐 Max 位置或者离壶口 2 ~ 3cm 即可。

动力转向助力油

(4) 发动机冷却液

1）发动机冷却液的作用

发动机冷却液具有冷却发动机部件、防止冷却液凝固、防止冷却系统部件生锈、防止过热等功能。

2）发动机冷却液的补充

检查发动机冷却液储液罐的液面，应在发动机冷却的情况下进行。必要时应补充冷却液，并且应将冷却液慢慢地灌入储液罐中。

发动机冷却液

发动机冷却液储液罐

(5) 风窗玻璃清洗液补充

1）风窗玻璃清洗液的作用

风窗玻璃清洗液主要由水、酒精、乙二醇、缓蚀剂及多种表面活性剂组成。风窗玻璃清洗液俗称玻璃水，主要具有如下性能：

① 清洗性能。风窗玻璃清洗液是由多种表面活性剂及添加剂复配而成的。表面活性剂通常具有润湿、渗透、增溶等功能，从而起到清洗去污的作用。

② 防冻性能。风窗玻璃清洗液含有酒精、乙二醇的存在，能显著降低液体的冰点，从而起到防冻的作用，能很快溶解冰霜。

③ 防雾性能。风窗玻璃表面会形成一层单分子保护层。这层保护膜能防止形成雾滴，保证风窗玻璃清澈透明，视野清晰。

④ 抗静电性能。用风窗玻璃清洗液清洗后，吸附在风窗玻璃表面的物质，能消除风窗玻璃表面的电荷。

风窗玻璃清洗液

⑤ 润滑性能。风窗玻璃清洗液中含有乙二醇，可以起润滑作用，减少刮水器与风窗玻璃之间的摩擦，防止产生划痕。

⑥ 防腐蚀性能。风窗玻璃清洗液中含有多种缓蚀剂，对各种金

属没有任何腐蚀作用，对汽车面漆、橡胶绝对安全。

2）风窗玻璃清洗液的补充

打开车发动机盖，拧开有雨滴标识的盖，即可直接补充风窗玻璃清洗液。

风窗玻璃清洗液的补充

第4章

科目一　考试模拟题

科目一考试的考试试卷由100道题目组成，题型为判断题和单项选择题，满分100分。考试试卷由系统按规定的比例关系随机抽取、组合。

学习期间，不要试图理解考试辅导教材内容后再去做科目一模拟试题，应该一边看考试辅导教材，一边做模拟试题，边做边背答案，最后在看完考试辅导教材后再去做模拟试题。考试过程中，答题不要着急，检查之后再进行下一题。答题原则是“最安全做法的答案都是正确的、过激行为的答案都是错误的”。只要平时练习时善于总结，就能够轻松地通过科目一考试。

1. 科目一 考试模拟题（一）

（1）判断题

1. 机动车落水后，只有在水快浸满车厢时，才有可能开启车门或砸开车窗玻璃逃生。（√）

2. 路中黄色虚线指示任何情况都不允许越线绕行。（×）

3. 图中标志警告前方铁路道口有多股铁路与道路相交。（√）

4. 伪造、变造机动车驾驶证构成犯罪的将被依法追究刑事责任。（√）

5. 制动时后车轮抱死可能会出现侧滑甩尾的情况。（√）

6. 右前方标志表示该路段在规定时间内只供步行。（√）

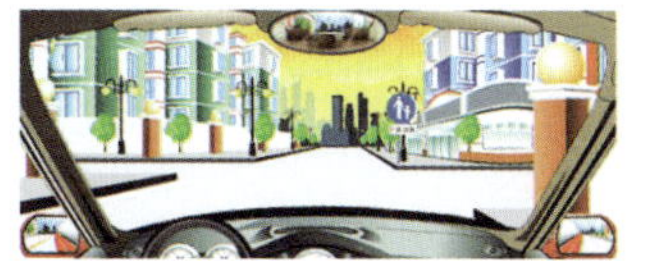

7. 驾驶人边驾车边打手持电话是违法行为。（√）

8. 前方标志表示除公交车以外的其他车辆不准进入该车道行驶。（√）

9. 机动车在环形路口内行驶，遇有其他车辆强行驶入时，只要有优先权就可以不避让。（×）

10. 驾驶机动车在大雾天临时停车后，只开启雾灯和近光灯。（×）

11. 在道路上超车时，应尽量加大横向距离，必要时可越实线超车。（×）

12. 打开机动车车门时，不得妨碍其他车辆和行人通行。（√）

13. 车辆应靠高速公路右侧的路肩上行驶。（×）

14. 前方标志表示前方立体交叉处可以直行和右转弯。（×）

15. 驾驶机动车在这种情况下可以右转弯。（×）

16. 前方标志预告高速公路入口在路右侧。（×）

17. 这种握转向盘的动作是正确的。 （×）

18. 易燃液体一旦发生火灾，要及时用水扑救。 （×）

19. 驾驶机动车通过窄路、窄桥时的最高速度不能超过 30km/h。 （√）

20. 道路右侧白色实线标示机动车道与人行道的分界线。 （×）

21. 驾驶人在观察后方无来车的情况下，未开转向灯就变更车道也是合理的。 （×）

22. 驾驶机动车在没有中心线的公路上，最高速度不能超过 70km/h。 （×）

23. 这个标志的含义是提醒前方左侧行车道或路面变窄。 （√）

24. 右侧标志表示此处不准鸣喇叭。 （×）

25. 图中红色轿车变更车道的方法和路线是正确的。 （×）

26. 驾驶机动车以下情况可以加速通过路口。 （×）

27. 冰雪路面处理情况不能使用紧急制动，但可采取急转向的方法躲避。 （×）

28. 图中标志提醒障碍物在路中，车辆从右侧绕行。 （×）

29. 图中机动车仪表板上指示灯亮，提示行李箱开启。 （×）

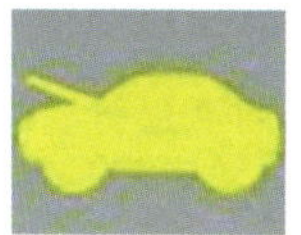

30. 在这种情况下要避让左侧从公交车后横穿的行人。（√）

31. 驾驶人一边驾车，一边使用无需手持的车载电话、手机耳机或者免提功能进行通话均是违法行为。（×）

32. 机动车在以下这种情况下可以超车。（×）

33. 风、雨、雪、雾等复杂气象条件，遇前车速度较低时，应开启前照灯，连续鸣喇叭迅速超越。（×）

34. 机动车在通过山区道路弯道时，要做到“减速、鸣喇叭、靠右行”。（√）

35. 在山区道路跟车行驶的距离要比平路时大。（√）

36. 驾驶机动车遇到以下这种道路要提前减档，以保持充足动力。（√）

37. 驾驶机动车看到前方这个标志时，将车速迅速提高到 40 km/h 以上。（×）

38. 在雪天临时停车要开启前照灯和雾灯。（×）

39. 驾驶机动车在这样的路段要注意观察，随时避让横过道路的动物。（√）

40. 图中机动车仪表板上指示灯亮，提示启用地板及前风窗玻璃吹风。（√）

（2）选择题

41. 这个标志是何含义？（A）

A. 停车让行

B. 不准临时停车

C. 不准车辆驶入
D. 不准长时间停车

42. 驾驶人违反交通运输管理法规发生重大事故致人死亡且逃逸的，处多少年有期徒刑?（C）

A.7 年以上　B.3 年以下
C.3 年以上 7 年以下　D.10 年以上

43. 驾驶这种机动车上路行驶属于什么行为?（C）

A. 违章行为　B. 违规行为
C. 违法行为　D. 犯罪行为

44. 右侧标志提示哪种车型不能通行?（C）

A. 大型货车　B. 大型客车
C. 各种机动车　D. 小型客货车

45. 驾驶机动车在下坡路段停车怎样使用行车制动?（A）

A. 比在平路时提前
B. 比在平路时推迟
C. 和平路时一样
D. 要轻踩制动踏板

46. 驾驶机动车遇到这种桥时首先怎样办?（C）

A. 保持匀速通过
B. 尽快加速通过
C. 停车察明水情
D. 低速缓慢通过

47. 红色圆圈内标线含义是什么?（B）

A. 临时停靠站
B. 港湾式停靠站
C. 应急停车带
D. 公交车停靠站

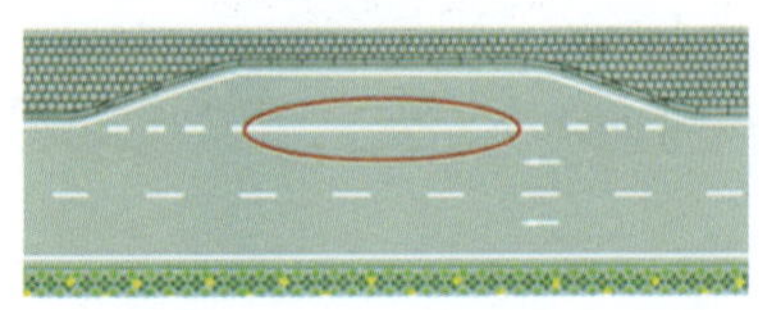

48. 怎样调整汽车座椅安全头枕的高度?（D）

A. 调整到头枕中心对正颈部
B. 调整到头枕中心与颈部平齐
C. 调整到头枕中心高出头顶
D. 调整到头枕中心能支撑头部

49. 某日 13 时 10 分，罗某驾驶一辆中型客车从高速公路 0km 处出发，下午 14 时 10 分行至该高速公路 125km 处时，发生追尾碰撞。罗某

的主要违法行为是什么?（A）

A. 超速行驶

B. 不按交通标线行驶

C. 客车超员

D. 疲劳驾驶

50. 在普通道路驾车遇暴雨，刮水器无法改善驾驶人视线，此时要采取的措施是什么?（C）

A. 减速行驶

B. 集中注意力谨慎驾驶

C. 立即减速靠边停驶

D. 以正常速度行驶

51. 这个标志是何含义?（A）

A. 隧道出口距离

B. 隧道入口距离

C. 隧道跟车距离

D. 隧道总长度

52. 这个标志是何含义?（C）

A. 禁止车辆掉头

B. 禁止向左变道

C. 禁止向左转弯

D. 禁止驶入左车道

53. 立体交叉处这个标志提示什么?（C）

A. 向右转弯

B. 直行和左转弯

C. 直行和右转弯

D. 在桥下掉头

54. 这个标志是何含义?（C）

A. 低速行驶

B. 注意行人

C. 步行

D. 行人先行

55. 在这个路口左转弯选择哪条车道?（A）

A. 最左侧车道　　B. 中间车道

C. 不用变道　　D. 最右侧车道

56. 驾驶技能准考证明的有效期是多久?（C）

A. 1 年　　B. 2 年

C. 3 年　　D. 4 年

57. 机动车仪表板上该指示灯亮表示什么?（D）

A. 防抱死制动系统出现故障

B. 驻车制动器处于解除状态

C. 行车制动系统出现故障

D. 驻车制动器处于制动状态

58. 这个标志是何含义?（A）

A. 立体交叉直行和左转弯行驶

B. 立体交叉直行和右转弯行驶

C. 直行和左转弯行驶

D. 直行和右转弯行驶

59. 驾驶机动车通过没有交通信号和管理人员的铁路道口怎样通过? （C）

A. 适当减速通过
B. 空档滑行通过
C. 停车确认安全后通过
D. 加速尽快通过

60. 这个标志是何含义? （C）

A. Y型交叉路口预告
B. 道路分叉处预告
C. 丁字交叉路口预告
D. 十字交叉路口预告

61. 夜间驾驶机动车遇到这种情况怎样超车? （B）

A. 开远光灯
B. 交替使用远近光灯
C. 开近光灯
D. 开启危险警告灯灯

62. 怎样正确使用灭火器灭火? （B）

A. 人要站在下风处
B. 灭火器瞄准火源
C. 尽量接近火源
D. 灭火器瞄准火苗

63. 这个标志是何含义? （C）

A. 注意双向行驶
B. 靠两侧行驶
C. 注意潮汐车道
D. 可变车道

64. 车辆临时靠边停车后准备起步时，应先怎样做? （D）

A. 加速起步
B. 鸣喇叭
C. 提高发动机转速
D. 观察周围交通情况

65. 行车中轮胎突然爆裂时的不正确做法是什么? （C）

A. 保持镇静，缓抬加速踏板
B. 紧握转向盘，控制机动车直线行驶
C. 采取紧急制动，在最短的时间内停车
D. 待车速降低后，再轻踩制动踏板

66. 这个标志是何含义? （D）

A. 允许临时停车
B. 允许长时停车
C. 禁止长时停车
D. 禁止停放车辆

67. 驾驶机动车遇到这种情况要如何行驶? （A）

A. 低速缓慢通过
B. 加速通过
C. 连续鸣喇叭通过

D. 保持正常车速通过

68. 雨天行车，遇撑雨伞和穿雨衣的行人在公路上行走时，应怎样做？（C）

A. 持续鸣喇叭示意其让道
B. 加速绕行
C. 提前鸣喇叭，并适当降低车速
D. 以正常速度行驶

69. 这个标志是何含义？（A）

A. 右转车道
B. 掉头车道
C. 左转车道
D. 分向车道

70. 驾驶机动车在这样的路面如何安全行驶？（D）

A. 空档滑行通过
B. 保持高速通过
C. 适当加速通过
D. 低速缓慢通过

71. 驾驶机动车在路口遇到这种情况如何行驶？（A）

A. 停车等待
B. 遵守交通信号灯
C. 靠右侧直行
D. 可以向右转弯

72. 车辆通过凹凸路面时，应怎样做？（A）

A. 低速缓慢平稳通过
B. 依靠惯性加速冲过
C. 挂空档滑行驶过
D. 保持原速通过

73. 驾驶机动车遇有前方交叉路口交通阻塞时怎么办？（B）

A. 可借对向车道通过
B. 依次停在路口外等候
C. 从前车两侧穿插通过
D. 进入路口内等候

74. 驾驶机动车行经下列哪种路段不得超车？（C）

A. 主要街道　　B. 高架桥
C. 人行横道　　D. 环城高速

75. 行车中遇列队横过道路的学生时，应怎样做？（B）

A. 提前加速抢行
B. 停车让行
C. 降低车速、缓慢通过
D. 连续鸣喇叭催促

76. 火药、炸药和起爆药属于哪类危险化学品？（C）

A. 氧化性物质　　B. 易燃固体
C. 爆炸品　　D. 自燃物品

77. 驾驶车辆在交叉路口前变更车道时，应怎样驶入要变更的车道？（D）

A. 在路口前实线区内根据需要
B. 进入路口实线区内
C. 在路口停止线前

D. 在虚线区按导向箭头指示

78. 驾驶机动车应当随身携带哪种证件? （C）

A. 职业资格证　B. 身份证
C. 驾驶证　D. 工作证

79. 机动车这个仪表是何含义? （A）

A. 发动机转速表
B. 行驶速度表
C. 区间里程表
D. 百公里油耗表

80. 提拉这个开关控制机动车哪个部位? （A）

A. 左右转向灯　B. 倒车灯
C. 示廓灯　D. 危险警告灯

81. 在这个路口怎样左转弯? （B）

A. 靠路口中心点右侧转弯
B. 靠路口中心点左侧转弯
C. 骑路口中心点转弯
D. 不能左转弯

82. 机动车驾驶人造成事故后逃逸构成犯罪的，吊销驾驶证且多长时间不得重新取得驾驶证? （D）

A. 5年内　B. 10年内
C. 20年内　D. 终生

83. 驾驶机动车在这种道路上怎样行驶最安全? （C）

A. 尽快加速超越前车
B. 鸣喇叭让前车让路
C. 保持距离跟车行驶
D. 从前车的右侧超越

84. 大雾天在高速公路遇事故不能继续行驶时怎样处置? （D）

A. 车上人员要迅速从左侧车门离开
B. 在来车方向100m处设置警告标志
C. 开启危险警告光灯和远光灯
D. 车上人员站到护栏以外安全的地方

85. 驾驶机动车在山区道路怎样跟车行驶? （B）

A. 紧随前车之后
B. 加大安全距离
C. 减小纵向间距
D. 尽快超越前车

86. 这是什么操纵装置? （D）

A. 转向灯开关
B. 前照灯开关
C. 刮水器开关
D. 除雾器开关

87. 驾驶机动车在这个路口怎样右转弯行驶? （C）

A. 沿直行车道右转弯

B. 停止线前停车等待

C. 沿右侧道路右转弯

D. 借非机动车道右转

88. 这个开关控制机动车哪个部位? （B）

A. 风窗玻璃除雾器

B. 风窗玻璃刮水器

C. 危险警告光灯

D. 照明、信号装置

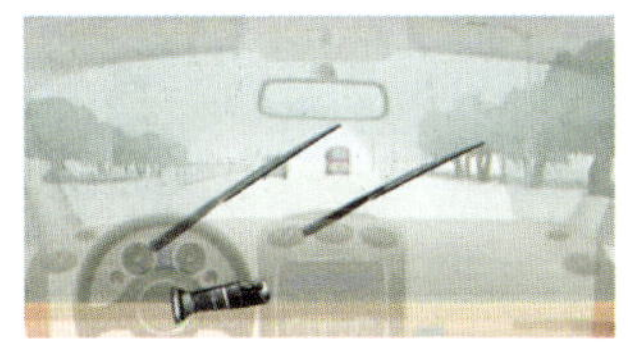

89. 出车前对轮胎进行哪些方面的检查? （D）

A. 检查车上轮胎工具

B. 轮胎有没有清洗

C. 备胎在什么位置

D. 轮胎的紧固和气压

90. 在这种条件的道路上怎样行驶才安全? （C）

A. 靠路左侧转大弯

B. 靠弯路中心转弯

C. 靠路右侧转小弯

D. 借对向车道转弯

91. 右侧标志警示前方是什么路口? （D）

A. T 型交叉路口

B. Y 型交叉路口

C. 十字交叉路口

D. 环行交叉路口

92. 这样停放机动车什么违法行为? （C）

A. 在非机动车道停车

B. 在有禁停标志路段停车

C. 在公共汽车站停车

D. 停车占用人行道

93. 在这种情形中前车怎样行驶? （B）

A. 正常行驶

B. 及时让行

C. 开启危险警告灯行驶

D. 不得变更车道

94. 夜间在道路上会车时，距离对向来车多远将远光灯改用近光灯？（B）

A. 不必变换灯光 B. 150m以外
C. 100m以内 D. 50m以内

95. 在距这段路多远以内的路段不能停放机动车？（D）

A. 5m以内 B. 10m以内
C. 30m以内 D. 50m以内

96. 这个标志是何含义？（D）

A. 高速公路报警电话
B. 高速公路公用电话
C. 高速公路紧急电话
D. 高速公路救援电话

97. 这个标志是何含义？（B）

A. 海关检查
B. 停车检查
C. 边防检查
D. 禁止通行

98. 以欺骗、贿赂等不正当手段取得驾驶证被依法撤销驾驶许可的，多长时间不得重新申请驾驶许可？（B）

A. 1年内 B. 3年内
C. 5年内 D. 终身

99. 避免爆胎的错误的做法是什么？（A）

A. 降低轮胎气压
B. 定期检查轮胎
C. 更换有裂纹或有很深损伤的轮胎
D. 及时清理轮胎沟槽里的异物

100. 在这条城市道路上行驶的最高速度不能超过多少？（A）

A. 30km/h B. 40km/h
C. 50km/h D. 70km/h

2. 科目一 考试模拟题（二）

（1）判断题

1. 机动车驾驶证有效期超过一年以上未换证的，驾驶证将被注销。（√）

2. 灯光开关在图中该位置时，后雾灯点亮。（√）

3. 专用车道规定的专用使用时间之外，其他车辆可以进入专用车道行驶。（√）

4. 道路交通事故中，机动车无号牌、检验合格标志、保险标志时，要保护现场并立即报警。（√）

5. 通过隧道时，不得超车。（√）

6. 图中所示驾驶机动车直行遇前方道路堵塞时，车辆可以在黄色网格线区域临时停车等待，但不得在人行横道停车。（×）

7. 这个标志的含义是警告车辆驾驶人前方是人行横道。（×）

8. 车辆在高速公路匝道提速到60km/h以上时，可直接驶入行车道。（×）

9. 驾驶证丢失后，驾驶人可以继续驾驶机动车。（×）

10. 驾驶机动车应在变更车道的同时开启转向灯。（×）

11. 驾驶机动车通过漫水路时要加速行驶。（×）

12. 驾驶人因服兵役、出国（境）等原因延期审验期间不得驾驶机动车。（√）

13. 按下图中这个开关，后风窗玻璃除霜器开始工作。（×）

14. 图中这个标志的含义是告示前方是拥堵路段，注意减速慢行。（×）

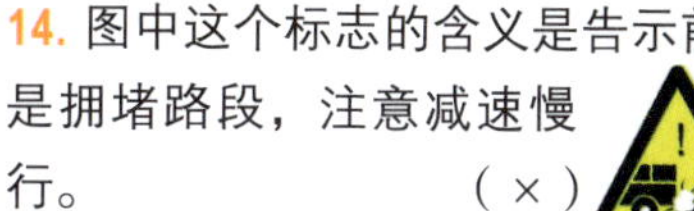

15. 在高速公路上行驶感觉疲劳时，应立即停车休息。（×）

16. 车辆发生爆胎后，驾驶人在尚未控制住车速前，不要冒险使用行车制动器停车，以避免车辆横甩发生更大的险情。（√）

17. 图中机动车仪表板上的指示灯点亮，提示左侧车门未关闭。（×）

18. 图中机动车仪表板上的指示灯点亮时，提醒发动机冷却液可能不足。（√）

19. 打开机动车车门时，不得妨碍其他车辆和行人通行。（√）

20. 机动车在道路上发生故障难以移动时要在车后50m以内设置警告标志。（×）

21. 距离桥梁、陡坡、隧道50m以内的路段不能停车。（√）

22. 驾驶人将机动车交给驾驶证被暂扣的人驾驶的，交通警察给予口头警告。（×）

23. 驾驶机动车在高速公路上倒车、逆行、穿越中央分隔带掉头的一次记6分。（×）

24. 道路交通标线分为指示标线、警告标线、禁止标线。（√）

25. 机动车驾驶人在实习期内有记满12分记录的，注销其实习的准驾车型驾驶资格。（√）

26. 准驾车型为小型汽车的，可以驾驶小型自动档载客汽车。（√）

27. 驾驶机动车在道路上发生交通事故，任何情况下都应标明现场位置后，先行撤离现场。（×）

28. 连续降雨天气，山区公路可能会出现路肩疏松和堤坡坍塌现象，行车时应选择道路中间坚实的路面，避免靠近路边行驶。（√）

29. 机动车参加安全技术检验的主要目的是检查车辆各项性能系数，及时消除车辆安全隐患，减少事故发生。（√）

30. 在这种情形下，对方车辆具有先行权。（√）

31. 图中这个标志的含义是指示此处设有室内停车场。（×）

32. 驾驶机动车在高速公路要按照限速标志标明的车速行驶。（√）

33. 图中所示，驾驶过程中遇到这种情况时，A车可以长鸣喇叭提醒道路养护车辆暂停喷水。（×）

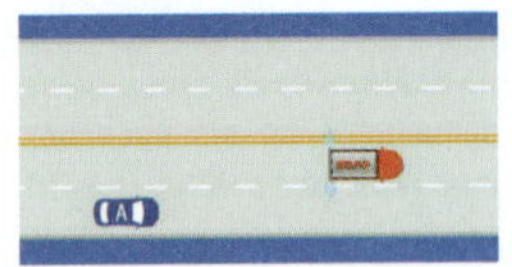

34. 图中机动车仪表板上指示灯点亮，提示右侧车门未关闭。（×）

35. 驾驶机动车遇到漫水桥时要察明水情确认安全后再低速通过。（√）

36. 违反交通信号灯通行的一次记6分。（√）

37. 图中这个标志的含义是提醒车辆驾驶人前方是无人看守铁路道口。（×）

38. 通过山区危险路段，尤其是通过经常发生塌方、泥石流的山区地段，应谨慎驾驶，避免停车。（√）

39. 拼装的机动车只要认为安全就可以上路行驶。（×）

40. 安全头枕用于在发生追尾事故时保护驾驶人的头部不受伤害。（×）

（2）选择题

41. 补领机动车驾驶证应到以下哪个地方办理？（C）

A. 所学驾校
B. 全国任何地方公安机关交通管理部门
C. 驾驶证核发地或核发地以外的车辆管理所
D. 派出所

42. 图中这个标志预告什么？（D）

A. 高速公路服务区预告
B. 高速公路避险处预告
C. 高速公路客车站预告
D. 高速公路停车场预告

43. 图中机动车仪表板上指示灯点亮表示什么？ （C）

A. 空气内循环
B. 侧面及地板出风
C. 地板及迎面出风
D. 空气外循环

44. 图中这个标志是何含义？ （B）

A. 直线行驶车道
B. 分向行驶车道
C. 左转行驶车道
D. 右转行驶车道

45. 图中这个标志是何含义？ （B）

A. 高速公路服务区
B. 高速公路加油站
C. 高速公路休息区
D. 高速公路客车站

46. 图中这个路面标记是何含义？ （A）

A. 最低限速为 80km/h
B. 平均限速为 80km/h
C. 解除 80km/h 限速
D. 最高限速为 80km/h

47. 图中这个标志预告什么？ （A）

A. 高速公路停车区预告
B. 高速公路避险处预告
C. 高速公路服务区预告
D. 高速公路停车场预告

48. 在道路上发生未造成人员伤亡且无争议的轻微交通事故如何处置？ （D）

A. 保护好现场再协商
B. 不要移动车辆
C. 疏导其他车辆绕行
D. 撤离现场自行协商

49. 在图中这条公路上行驶的最高速度不能超过多少？ （B）

A. 30km/h　　B. 40km/h
C. 50km/h　　D. 70km/h

50. 图中这个符号的开关控制什么装置？ （A）

A. 儿童安全锁
B. 两侧车窗玻璃
C. 电动车门
D. 车门锁住开锁

51. 提供虚假材料申领驾驶证的申请人会承担下列哪种法律责任？ （C）

A. 处 20 元以上 200 元以下罚款
B. 取消申领驾驶证资格
C. 1 年内不得再次申领驾驶证
D. 2 年内不能再次申领驾驶证

52. 行车中遇有前方发生交通事故，需要帮助时，应怎样做？ （C）

A. 尽量绕道躲避
B. 立即报警，停车观望
C. 协助保护现场，并立即报警
D. 加速通过，不予理睬

53. 实习期驾驶人驾驶机动车上高速

公路行驶，以下做法正确的是什么？（C）

A. 任何情况下都不允许上高速

B. 不需要其他人员陪同

C. 需要持有相应或者更高准驾车型驾驶证三年以上的驾驶人陪同

D. 需要持有相应或者更高准驾车型驾驶证、同在实习期内的驾驶人陪同

54. 驾驶人驾驶机动车违反道路交通信号灯通行一次记多少分？（C）

A. 2分　　B. 3分

C. 6分　　D. 12分

55. 图中这个路口允许车辆怎样行驶？（D）

A. 向左、向右转弯

B. 直行或向左转弯

C. 向左转弯

D. 直行或向右转弯

56. 该图路中两条双黄色虚线是什么标线？（C）

A. 单向分道线

B. 可跨越分道线

C. 潮汐车道线

D. 双向分道线

57. 车辆在交叉路口有优先通行权的，遇有车辆抢行时，应怎样做？（D）

A. 抢行通过

B. 提前加速通过

C. 按优先权规定正常行驶不予避让

D. 减速避让，必要时停车让行

58. 发现前方道路堵塞，正确的做法是什么？（D）

A. 继续穿插绕行

B. 选择空当逐车超越

C. 鸣喇叭示意前方车辆快速行驶

D. 按顺序停车等候

59. 图中这一组交通警察手势是什么信号？（A）

A. 左转弯待转信号

B. 左转弯信号

C. 减速慢行信号

D. 右转弯信号

60. 驾驶人连续驾驶不得超过多长时间？（A）

A. 4小时　　B. 6小时

C. 8小时　　D. 10小时

61. 驾驶机动车行经下列哪种路段时不得超车？（B）

A. 高架路　　B. 交叉路口

C. 环城高速　　D. 中心街道

62. 直行车辆遇到前方路口堵塞，以下说法正确的是什么？（B）

A. 可以直接驶入路口内等待通行

B. 等前方道路疏通后，且信号灯为绿灯时方可继续行驶

C. 只要信号灯为绿灯，就可通过

D. 等有其他机动车进入路口时跟随行驶

63. 图中这个标志是何含义？（A）

A. 向左急转弯

B. 向右急转弯

C. 向左绕行

D. 连续弯路

64. 驾驶机动车需要在路边停车时怎样选择停车地点？（C）

A. 在人行道上停放

B. 在路边随意停放

C. 在停车泊位内停放

D. 靠左侧路边逆向停放

65. 初次申领的机动车驾驶证的有效期为多少年？（C）

A. 3 年　B. 5 年

C. 6 年　D. 12 年

66. 驾驶机动车在高速公路上行驶，遇有雾、雨、雪、沙尘、冰雹等低能见度气象条件下，能见度在100m 以下时，车速不得超过多少km/h，与同车道前车至少保持多少米的距离？（A）

A. 40，50　B. 40，40

C. 50，40　D. 50，30

67. 在路口右转弯遇同车道前车等候放行信号时如何行驶？（D）

A. 从前车左侧转弯

B. 从右侧占道转弯

C. 鸣喇叭让前车让路

D. 依次停车等候

68. 图中路口中央黄色路面标记是什么标线？（C）

A. 中心圈　B. 导流线

C. 网状线　D. 停车区

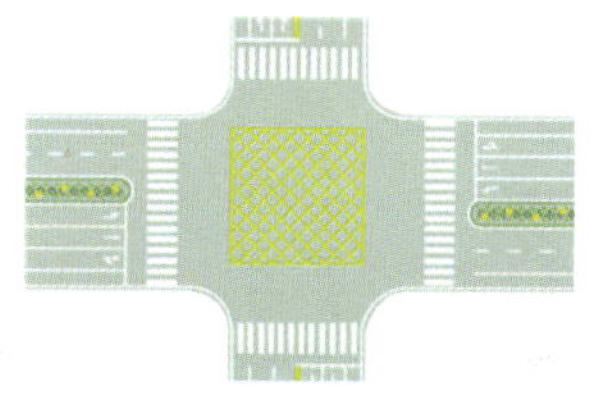

69. 图中这个标志是何含义？（D）

A. 路面低洼

B. 驼峰桥

C. 路面不平

D. 路面高突

70. 道路交通安全违法行为累积记分的周期是多长时间？（C）

A. 3 个月　B. 6 个月

C. 12 个月　D. 24 个月

71. 机动车在这种道路上行驶，在道路中间通行的原因是什么？（C）

A. 在道路中间通行速度快

B. 在道路中间通行视线好

C. 两侧的非机动车和行人留有充足的通行空间

D. 防止车辆冲出路外

72. 驾驶人有哪种情形，交通警察可依法扣留机动车驾驶证？ （A）

A. 饮酒后驾驶机动车

B. 超过规定速度10%

C. 疲劳后驾驶机动车

D. 行车中未系安全带

73. 在高速公路同方向三条机动车道中间车道行驶，车速不能低于多少？ （B）

A. 100km/h　　B. 90km/h

C. 110 km/h　　D. 60km/h

74. 在高速公路最左侧车道行驶，想驶离高速公路，以下说法正确的是什么？ （C）

A. 立即减速后右变更车道

B. 找准机会一次变更到最右侧车道

C. 每次变更一条车道，直到最右侧车道

D. 为了快速变更车道，可以加速超越右侧车辆后变更车道

75. 图中路面上的黄色标线是何含义？ （B）

A. 车行道变多标线

B. 路面宽度渐变标线

C. 接近障碍物标线

D. 施工路段提示线

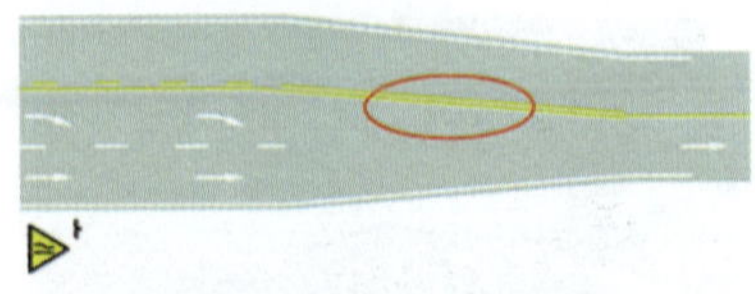

76. 3年内有下列哪种行为的人不得申请机动车驾驶证？ （B）

A. 吸烟成瘾　　B. 注射毒品

C. 注射胰岛素　　D. 酒醉经历

77. 图中这个标志是何含义？ （A）

A. 高速公路ETC车道

B. 高速公路缴费车道

C. 高速公路检查车道

D. 高速公路领卡车道

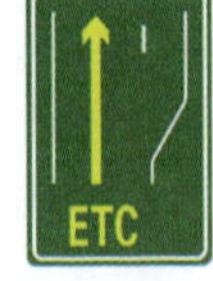

78. 图中这个标志是何含义？ （D）

A. 注意避让火车

B. 有人看守铁路道口

C. 无人看守铁路道口

D. 多股铁路与道路相交

79. 图中这个标志是何含义？ （A）

A. 停车领卡

B. 停车缴费

C. 停车检查

D. ETC通道

80. 在同向三车道高速公路上行车，车速115km/h应在哪条行车道上行驶？ （A）

A. 最左侧行车道 B. 中间行车道
C. 最右侧行车道 D. 哪条都行

81. 同车道行驶的车辆前方遇到下列哪种车辆不得超车？ （A）

A. 执行任务的警车
B. 大型客货车
C. 出租汽车
D. 城市公交车

82. 图中这个标志是何含义？ （D）

A. 施工路段绕行 B. 双向交通
C. 注意危险 D. 左右绕行

83. 图中这种黄黑相间的倾斜线条是什么标记？ （D）

A. 减速标记 B. 实体标记
C. 突起标记 D. 立面标记

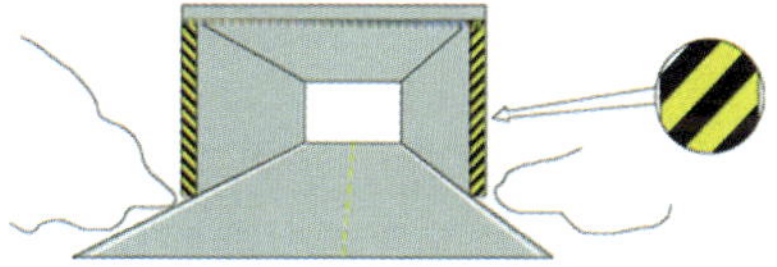

84. 图中这是什么操纵装置？ （D）

A. 除雾器开关 B. 转向灯开关
C. 前照灯开关 D. 刮水器开关

85. 驾驶机动车在没有道路中心线的狭窄山路怎样会车？ （D）

A. 速度慢的先行
B. 重车让空车先行
C. 靠山体的一方先行
D. 不靠山体的一方先行

86. 在这种情况下驶近路口，车辆可以怎么行驶？ （B）

A. 只能直行 B. 左转或者直行
C. 左转或右转 D. 直行或右转

87. 图中这个标志是何含义？ （C）

A. Y 型交叉路口预告
B. 十字交叉路口预告
C. 丁字交叉路口预告
D. 道路分叉处预告

88. 图中圈内白色实线是什么标线？ （B）

A. 可变导向车道线
B. 导向车道线
C. 方向引导线
D. 单向行驶线

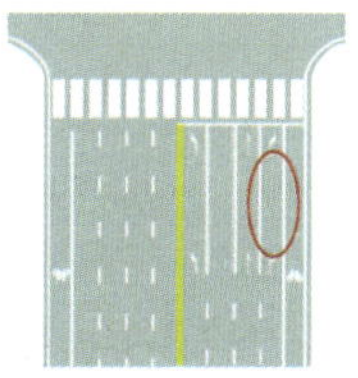

89. 图中这个符号的开关控制什么装置? （B）

A. 后风窗玻璃除霜或除雾

B. 前风窗玻璃刮水器及洗涤器

C. 后风窗玻璃刮水器及洗涤器

D. 前风窗玻璃除霜或除雾

90. 图中这个标志是何含义? （A）

A. 注意保持车距

B. 车距确认路段

C. 车速测试路段

D. 两侧变窄路段

91. 当您即将通过交叉路口的时候，才意识到要左转而不是向前，以下说法正确的是什么? （B）

A. 停在交叉路口，等待安全时左转

B. 继续向前行驶

C. 在确保安全的情况下，倒车然后左转

D. 原地掉头后，右转

92. 车辆在拥挤路段排队行驶时，遇有其他车辆强行穿插行驶，以下说法正确的是什么? （D）

A. 迅速提高车速不让其穿插

B. 持续鸣喇叭警告

C. 迅速左转躲避

D. 减速或停车让行

93. 在这种环境下通过路口如何使用灯光? （D）

A. 关闭远光灯

B. 使用危险报警闪光灯

C. 使用远光灯

D. 交替使用远近光灯

94. 图中这个标志是何含义? （B）

A. 国道编号

B. 省道编号

C. 县道编号

D. 乡道编号

S203

95. 图中这个标志是何含义? （C）

A. 距无人看守铁路道口 50m

B. 距有人看守铁路道口 50m

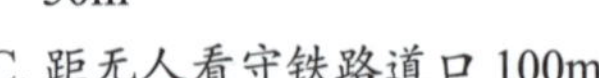

C. 距无人看守铁路道口 100m

D. 距有人看守铁路道口 100m

96. 图中这个路面标记是什么标线? （C）

A. 禁驶区

B. 网状线

C. 中心圈

D. 导流线

97. 图中这个标志是何含义? （C）

A. 小型车车道

B. 小型车专用车道

C. 机动车车道

D. 多乘员车辆专用车道

98. 正面安全气囊与什么配合才能充分发挥保护作用? （A）

A. 座椅安全带

B. 防抱死制动系统

C. 座椅安全头枕

D. 安全玻璃

99. 图中这一组交通警察手势是什么信号? （B）

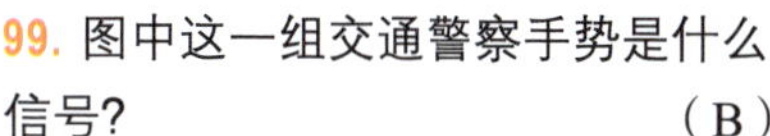

A. 靠边停车信号

B. 减速慢行信号

C. 变道信号

D. 右转弯信号

100. 驾驶机动车行驶至桥梁涵洞时，以下做法正确的是什么? （B）

A. 加速，在对向车到达前通过

B. 减速靠右通过

C. 保持原速继续正常行驶

D. 鸣喇叭后加速通过

第5章 基本操作

在学习驾驶之初，就要养成规范的操作习惯，因为这些习惯会伴随你终身，所以千万不要忽视这个阶段。本章主要教会你掌握规范的基本操作要领，让你在考试时有良好的习惯，避免在考试时被扣分，从而影响通过考试。

1. 上下车的动作

(1) 上车的动作

1）安全确认

从车的后侧至右侧绕到车头前端，走到车身左侧前车门处，对车身周围的安全情况进行检查，确认无障碍物。

2）车门解锁

用车钥匙解锁或者用遥控器解锁。用遥控器解锁时，遥控器离车距离小于或等于解锁距离时才会自动解锁。

围绕车身一周进行安全确认

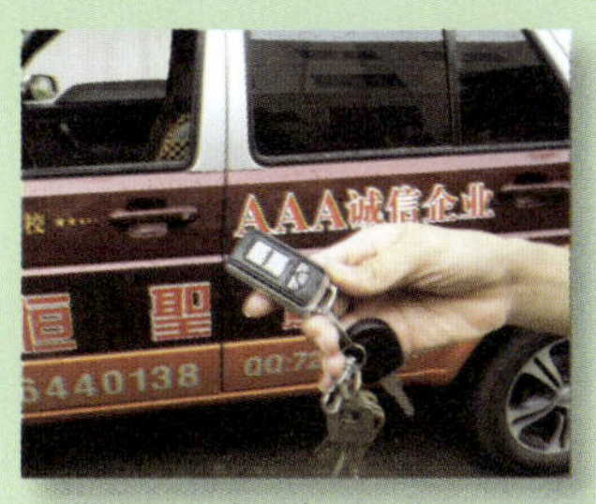

车门解锁

3）拉车门外侧拉手

开左侧车门需要用左手开门，开右侧车门需要用右手开车门。

4）打开车门

打开车门的程度，应以身体能够顺利进入驾驶室为宜。

拉车门外侧拉手

打开车门

5）进入驾驶室

车门打开后，左手抓扶门内侧把手，右手握在转向盘右侧的位置上。右腿抬起，将右脚直接放置在加速踏板下端。

6）落座

身体随连惯动作下蹲落座自然坐下，然后将左右手搭在转向盘上。

进入驾驶室

落座

7）收左脚

左脚抬起放置离合器踏板左下方 10cm 左右的室内地板上。

8）关车门

左手抓住门内侧把手朝身体方向拉车门，右手握在转向盘上。当左手将车门拉至距关闭位置 10 ~ 20cm 时稍停顿，然后再用力将车门关好、关牢。

收左脚

车门距关闭位置 10 ~ 20cm

9）车门关闭确认

用左手推拉晃动车门内侧把手，感觉车门是否有明显旷动间隙，有则说明车门没有关好，没有则说明车门已关好。

车门关闭确认

通过左侧后视镜看车门关闭缝隙的平行程度也可以确定车门是否关好、关牢。另外，车内顶灯点亮则说明车门还处在未关闭状态，车门指示灯也会有闪亮报警显示。在这种情况下应将车门打开重新关闭。

(2) 下车的动作

1）下车前确认安全

靠边停车，等待车辆停稳后，首先观察外后视镜，确认后面有无车辆和行人。

2）打开车门

开启车门锁，左手扳动车门内侧锁销，借力将车门推至开启状态。开车门时仍然要将车门缓慢地推开 10cm，然后观察确保后方没有其他车辆和非机动车辆过往。

下车前确认安全

打开车门

3）完全打开车门下车

左手抓住车门内侧把手（便于控制车门的敞开程度），左脚随之抬起移至室外地面上，将头探出室外，身体随之起座外移，随着身体的外移起立，将右脚置于室外地面之上。当身体完全站立在车门与车身中间位置时，身体向左移至车门空间之外，右转身面对车身，准备关车门。

4）关闭车门

先将车门关到离关闭位置 10cm 左右，再用力将门关严。

完全打开车门下车

关闭车门

5）锁车门

用钥匙或者按下锁按钮，推门把手将门锁上，或者用遥控器锁门。各车型锁车方法不尽相同，锁上后再拉一下车门确认锁好后，才能离开。

锁车门

2. 转向盘的操作

(1) 转向盘的正确握法

① 正确的转向盘握法是左手在9点位置，右手在3点位置，也就是两只手对称地放在转向盘两侧。

② 依靠手腕、肩部、手指的力量，轻揉协调地操控转向盘。

③ 用食指到小拇指四个手指握住转向盘下侧，用大拇指轻轻握住转向盘上侧。

转向盘的正确握法

(2) 向右转动转向盘的操作方法

向右转动转向盘时，以左手为主，右手为辅，用左手向上转动转向盘至上方中央部位，右手松开回原位后，左手再回原位。

向右转动转向盘的操作

(3) 向左转动转向盘的操作方法

向左转动转向盘时，以右手为主，左手为辅，用右手向上转动转向盘到上方中央部位，左手松开回原位后，右手再回原位。

向左转动转向盘的操作

3. 加速踏板的操作

(1) 加速踏板的合适踏位

将右脚脚跟置于地面，近似于正对加速踏板，用脚掌轻踩踏板。

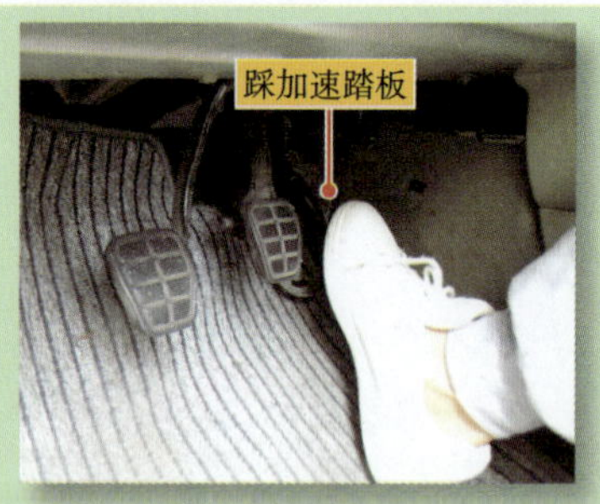

加速踏板的踩踏方法

(2) 加速踏板的加速操作方法

用右前脚掌一边踩加速踏板，一边听发动机声音，增大踩踏板的力度不能忽大忽小，需要匀速用力，直至汽车有动力。此外要注意千万不允许一脚踩到底，避免汽车车速过快无法控制。

(3) 加速踏板的回位操作方法

当需要减速时，需要缓慢松开加速踏板让其回位，不能一下松开，否则会使汽车减速不平稳，汽车发抖严重。

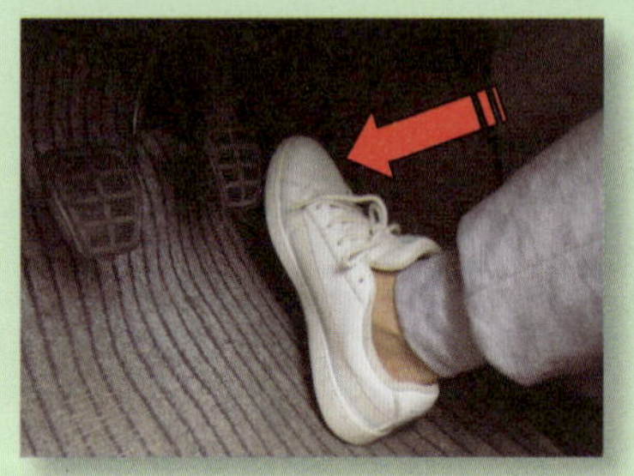
加速踏板的加速操作

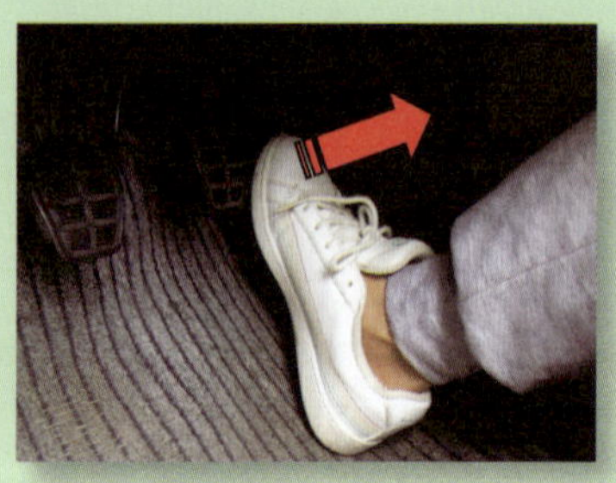
加速踏板的回位操作

4. 离合器踏板的操作

(1) 离合器踏板的合适踏位

操纵离合器踏板时，应握稳转向盘，将左脚掌放置在离合器踏板中央，以膝关节和踝关节的伸屈动作踏下或放松。

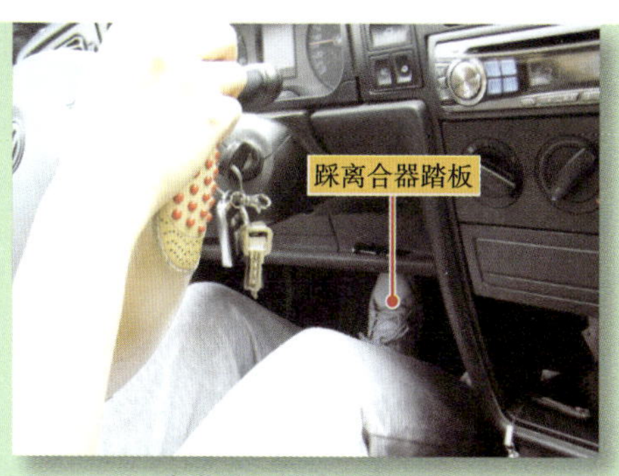

离合器踏板的踩踏方法

(2) 离合器踏板的踩踏操作方法

1）使用时，还要注意控制离合器踏板的自由行程，一般是在踩踏离合器踏板时就将自由行程踏完。

2）踩下离合器踏板时需要一次性踩到底，使离合器分离彻底，有利于换档操作。

离合器踏板的踩踏操作

(3) 离合器踏板的回位操作方法

换档完成后即可松开离合器踏板，松开后尽可能将左脚自然放在离合器踏板的左边，方便操作。

离合器踏板的回位操作

5. 制动踏板的操作

(1) 制动踏板的合适踏位

将右脚踏在制动踏板中央，以前脚掌踩踏。

制动踏板的踩踏方法

(2) 制动踏板的踩踏操作方法

① 操纵制动踏板时，应两眼目视前方，用右脚前脚掌踏在制动踏板上，通过膝关节和踝关节的伸屈动作，进行控制。

② 当遇到紧急情况时，踩制动踏板要及时；遇一般情况要缓慢踩制动踏板，既安全又舒适。

(3) 制动踏板的回位操作方法

当前方紧急情况解除后，可缓慢松开制动踏板使汽车平稳行驶。

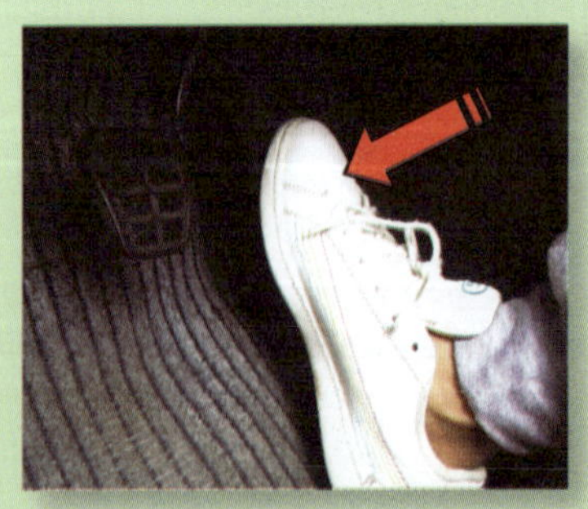

制动踏板的踩踏操作

制动踏板的回位操作

6. 变速杆的操作

(1) 熟悉变速杆位置

1）变速杆通过改变不同比例的变速器齿轮的接合或分离，使汽车加速、减速或停车。

2）小车变速杆一般包括 5 个（或 6 个）前进档、1 个倒档和 1 个空档（中间档）。1 档起步、2 档车速约为 10 ~ 20km/h、3 档车速约为 20 ~ 40km/h、4 档车速约为 40 ~ 80km/h、5 档车速约为 80km/h 以上，倒档是用来倒车的，空档是停车或切换档位用的。

变速杆位置

(2) 变速杆操作方法

1）操作变速杆换档时，两眼应注视汽车行驶的前方，一只手握住转向盘，另一只手以手掌贴住变速杆球头，五指握向手心操纵变速杆。

2）换档时，在左脚踩下离合器踏板的同时，右脚松开加速踏板，按照档位位置，以适当的腕力和臂力推或拉动变速杆，使之换入预选的档位。

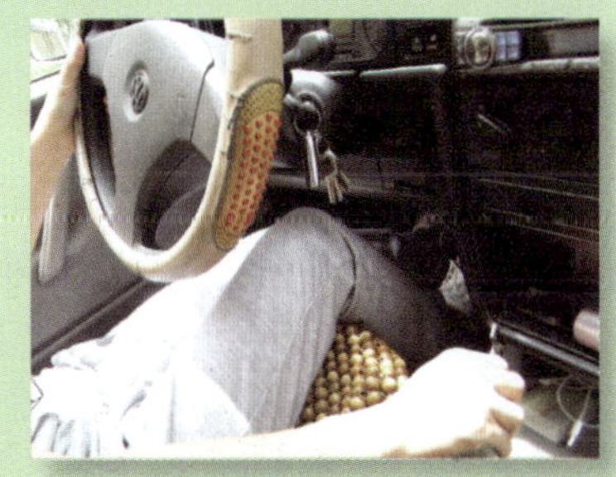
变速杆的操作

7. 驻车制动器的操作

(1) 解除驻车制动的操作

首先将驻车制动器手柄向上拉，同时将制动器手柄上的锁止按钮按下，再将制动器手柄向下推送到底即可解除驻车制动。

(2) 施加驻车制动的操作

施加驻车制动时，将驻车制动器手柄向上拉紧即可。

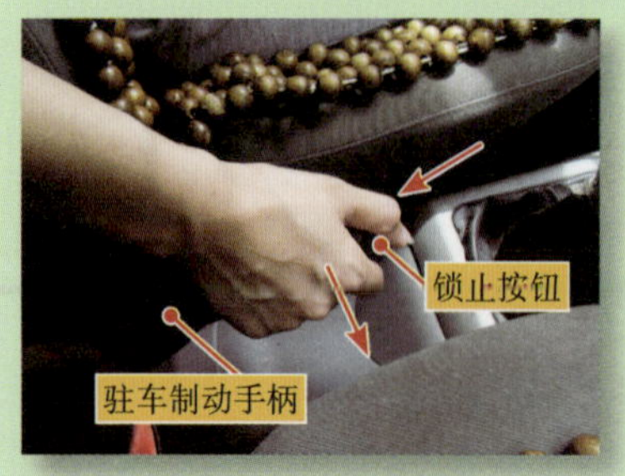

解除驻车制动的操作

施加驻车制动的操作

8. 调整座椅、靠背倾斜角度和头枕

(1) 调整座椅

用左手握住转向盘，右手拉起座位右下方的调整手柄，调整到使脚能将离合器踏板和制动踏板轻松踩到底的位置为佳。

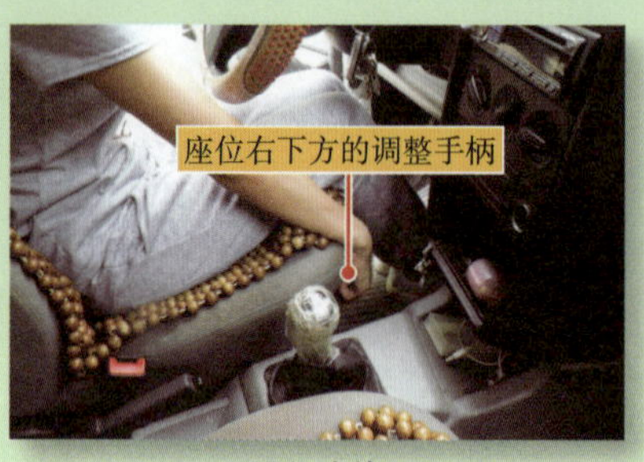

调整座椅

(2) 调整靠背倾斜角度

右手转动靠背右下方的旋钮，顺时针转动旋钮靠背向前靠，逆时针转动旋钮靠背向后倾斜，调整至肘关节略有弯曲为佳。

(3) 调整头枕

头枕的高度要以头靠在头枕上，头枕的中部与头部的中部对齐为佳。

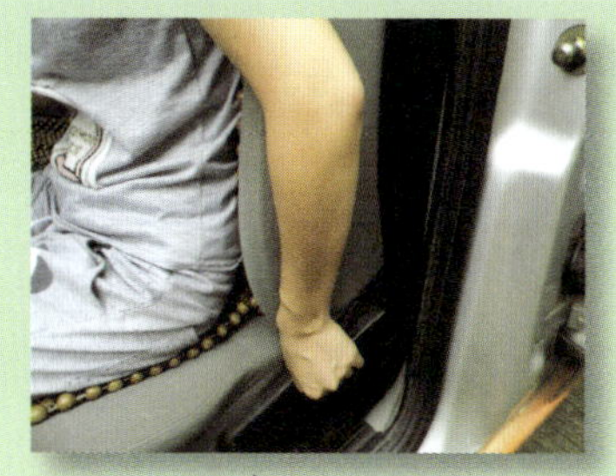
调整靠背倾斜角度

调整头枕

9. 调整后视镜

(1) 内后视镜的调整

保持正确姿势，面向正前方，手握后视镜边缘调整，调整到只要转动眼睛就可看到汽车后面的全部情况即可。

内后视镜的调整

(2) 外后视镜的调整

外后视镜应调整到从镜中能看见车身约占镜子横向 1/4，车外物体占 3/4；使地平线处于正中稍偏下的位置，以便能够观察路面上尽可能远的物体。

外后视镜的调整

10. 安全带的使用

驾驶人驾驶车辆前必须系好安全带，因为当出现情况紧急制动后，安全带能迅速收紧，防止头部、身体与前方物体相撞，避免给自身带来伤害。

(1) 安全带的系法

① 将安全带慢慢拉出，另一个手接住，防止其打结。

② 将安全带扣到能听到“咔”的一声为止。若系得不正确，一旦发生交通事故就不能充分发挥其作用。

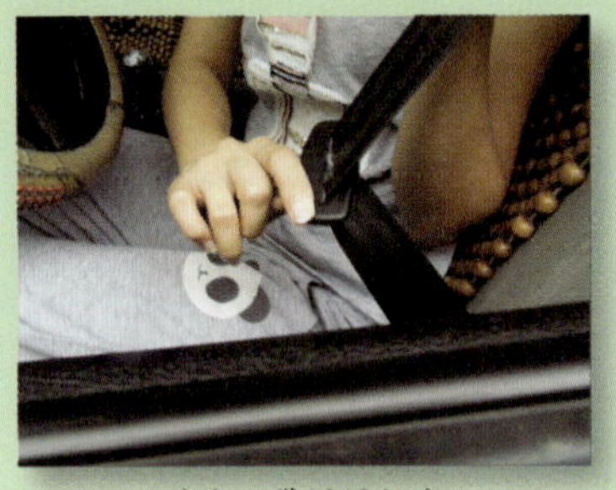
将安全带慢慢拉出

将安全带扣上

(2) 安全带的摘法

① 用左手拿安全带，用右手按下安全带扣将其摘下。

② 左手慢慢将其送回。摘安全带时，不要将摘下的安全带马上撒手，以防安全带金属扣弹回，打碎玻璃或伤到人。所以，必须手拿安全带将其慢慢送回。

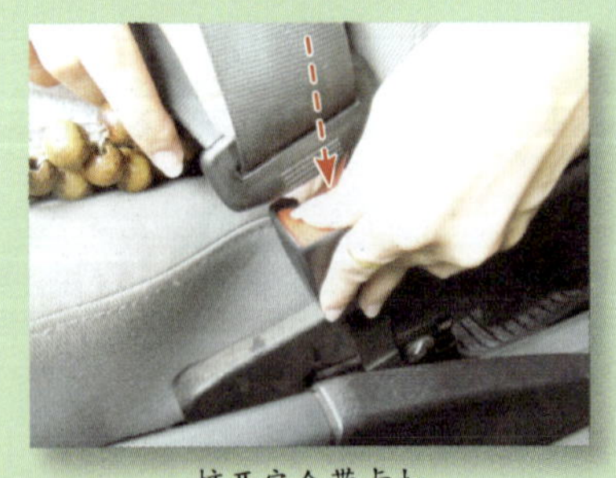
摘开安全带卡扣

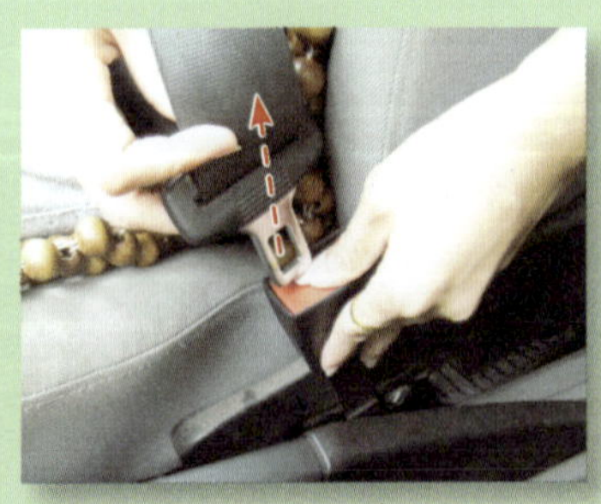
送回安全带

11. 正确的驾驶姿势

驾驶人保持正确的驾驶姿势，可以使动作更准确，身体放松，减轻长时间驾驶的疲劳，保证开阔的驾驶视野。错误的驾驶姿势，操作转向盘、踩踏板时不能到位，也会使身体、心理长时间处于疲劳状态，影响安全行车。

(1) 驾驶人正对转向盘

驾驶人正对转向盘，两手自然放在转向盘上。

(2) 坐姿合适

① 保持身体处于放松、自然的状态。

② 膝盖微弯曲，能够轻松自如地踩踏板。

③ 坐在位置上伸直腰，后背正好轻轻靠在座椅上。

④ 左脚置于离合器踏板左下方，右脚以脚跟为支撑点，脚掌至脚趾部位置于加速踏板 2/3 位置上。

驾驶人正对转向盘

坐姿合适

12. 发动机起动和停熄

(1) 起动发动机

① 取出发动机点火钥匙。

② 将发动机点火钥匙插入点火开关内。

点火开关有4个档位，0档为停车，Ⅰ档为辅助电器接通，Ⅱ档为完全通电，Ⅲ档为起动机起动，起动后会自动返回Ⅱ档。

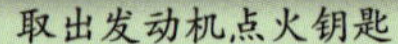

取出发动机点火钥匙

将点火钥匙插入点火开关内

③ 踩下离合器踏板，将变速杆移入空档位置，踩下加速踏板。

④ 将点火钥匙顺时针向右转动到Ⅱ档，让车辆通电自检，约5s后再向右转动到Ⅲ档，短暂停留后松开，发动机自然起动，钥匙自动返回到Ⅱ档。

如果发动机未起动，可将点火钥匙回位等待30s后重新起动。不要连续起动以免蓄电池放电过大。

转动点火钥匙

(2) 发动机停熄操作

① 将点火钥匙逆时针向左回位到 I 档，发动机熄火。

② 逆时针转动到 0 档，钥匙即可拔出。

注意

当点火钥匙拔出困难时，可用左手转动一下转向盘让转向盘处于锁止位置，然后用右手拔出点火钥匙。

发动机停熄操作

学车提示

某些品牌轿车的点火开关上，常标有“LOCK”或“OFF”“ACC”“ON”“START”“STOP”等字母。在“LOCK”位置时，可将转向盘锁上，并可插入或取下点火钥匙。在驾驶途中，千万不要为取出点火钥匙而误旋至此档，否则转向盘将被锁止而影响行车安全。

某些品牌轿车的点火开关

13. 手动档汽车的加减档操作要领

(1) 加档操作要领

1）1档起步操作要领

汽车起步时踩下离合器踏板，变速杆挂入1档，然后逐渐放松离合器踏板，与此同时右脚缓缓踩下加速踏板，发动机转速上升，离合器进入联动状态，汽车以8km/h左右速度起步行驶。

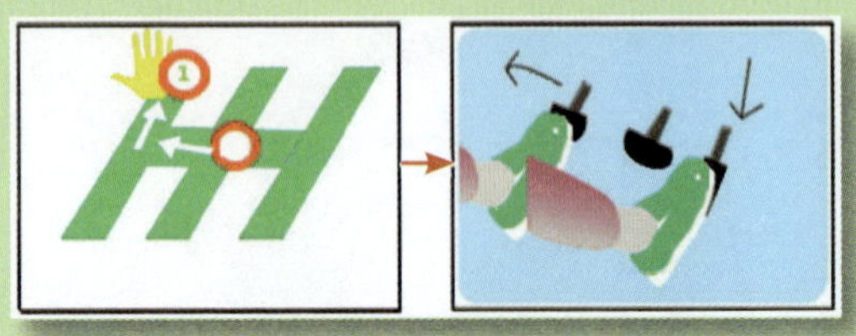

1档起步操作要领

2）升2档操作要领

首先放松加速踏板，并踩下离合器踏板，然后用手将变速杆由1档位置移到空档位置，踩下离合器踏板后，再换入2档位置，最后放松离合器踏板进行加速，以12～20km/h速度行驶。

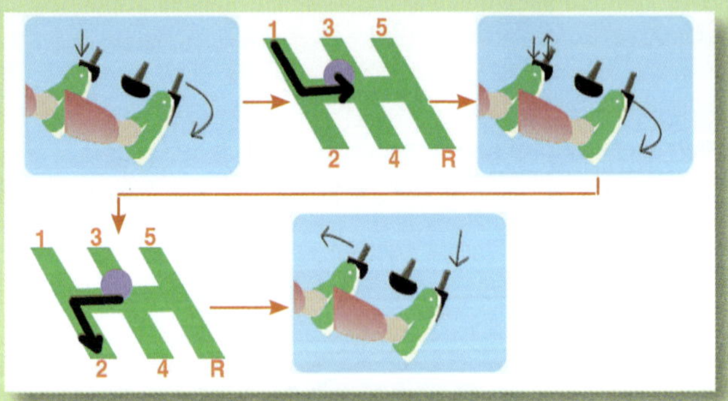

升2档操作要领

3）升3档操作要领

首先放松加速踏板，并踩下离合器踏板，然后用手将变速杆由2档位置移到空档位置，踩下离合器踏板后，再换入3档位置，最后放松离合器踏板进行加速，以25～30km/h速度行驶。

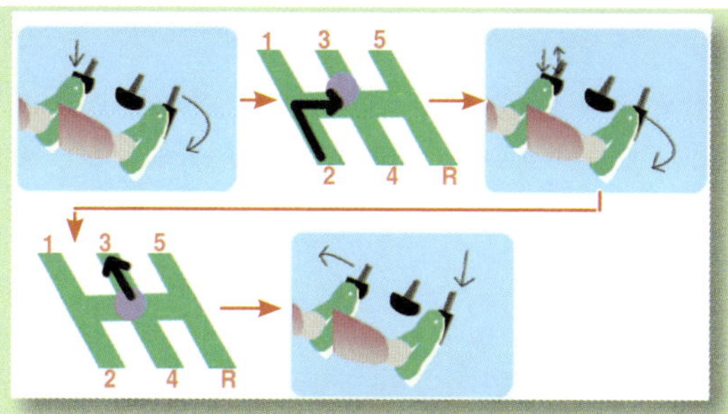

升 3 档操作要领

4）升 4 档操作要领

首先放松加速踏板，并踩下离合器踏板，然后用手将变速杆由 3 档位置移到空档位置，踩下离合器踏板后，再换入 4 档位置，最后放松离合器踏板进行加速，以 35 ~ 40km/h 速度行驶。

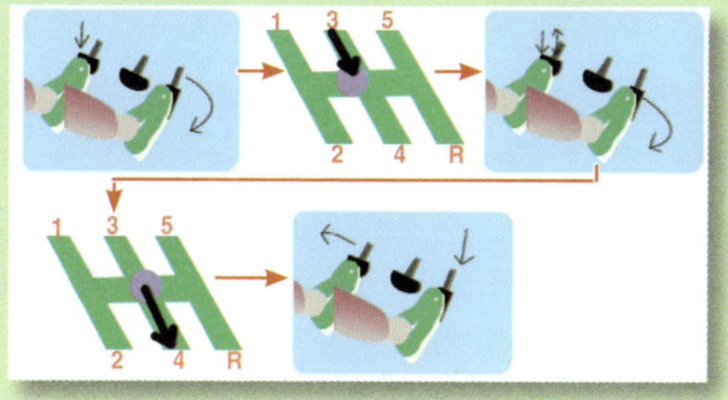

升 4 档操作要领

5）升 5 档操作要领

首先放松加速踏板，并踩下离合器踏板，然后用手将变速杆由 4 档位置移到空档位置，踩下离合器踏板后，再换入 5 档位置，最后放松离合器踏板进行加速，以 50km/h 以上速度行驶。

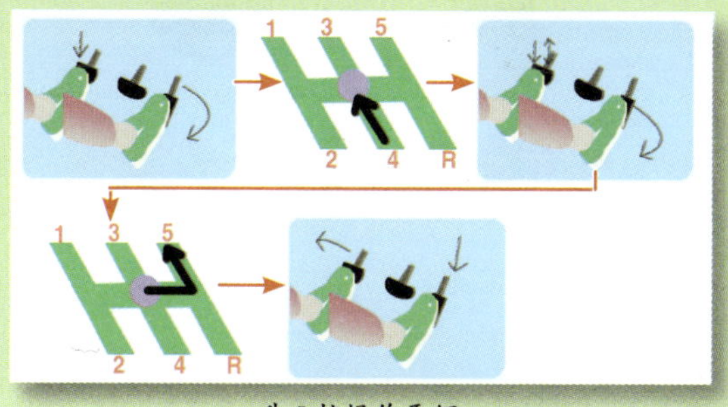

升 5 档操作要领

(2) 降档操作要领

降档的操作要领以降 4 档为例，首先放松加速踏板，踩下离合器踏板，同时将 5 档换 4 档，最后轻踩加速踏板行驶。其余档位操作相同。

降 4 档操作要领　　降 3 档操作要领

降 2 档操作要领　　降 1 档操作要领

14. 自动档汽车的加减档操作要领

(1) 加档操作要领

自动档汽车是靠控制加速踏板来实现自动加档的，加速过程中“收油”（踩下加速踏板后，马上松开，再踩下）可以提前加档。

加档操作要领

(2) 减档操作要领

自动档汽车是靠控制加速踏板来实现自动减档的，减档过程中“收油”可以提前减档。

减档操作要领

第6章

科目二　场地驾驶技能考试辅导

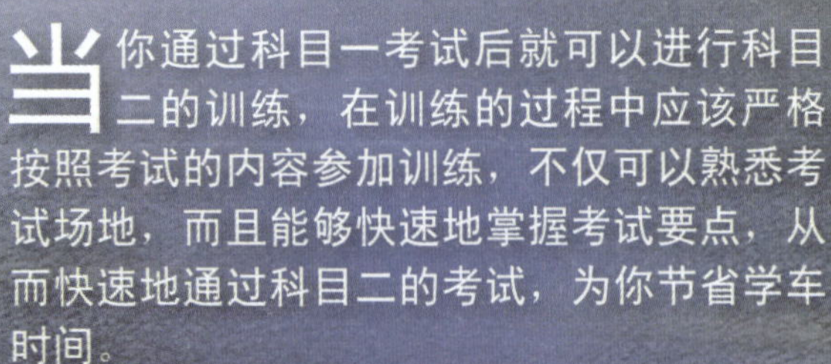

当你通过科目一考试后就可以进行科目二的训练，在训练的过程中应该严格按照考试的内容参加训练，不仅可以熟悉考试场地，而且能够快速地掌握考试要点，从而快速地通过科目二的考试，为你节省学车时间。

1. 倒车入库

(1) 考场要求

小型车倒车入库的场地尺寸如下：

① 库宽 = 车宽（不含倒车镜）+ 0.6m。

② 库长 = 车长 + 0.7 m。

③ 车道宽 = 车长 ×1.5。

④ 控制线距离 = 车长 ×1.5。

倒车入库考场要求

(2) 考试操作要求

① 车辆从道路一端的控制线倒入库内。

② 车辆从库内开至道路另一端的控制线上。

③ 车辆从道路另一端的控制线倒入库内。

④ 车辆从库内开至起点。

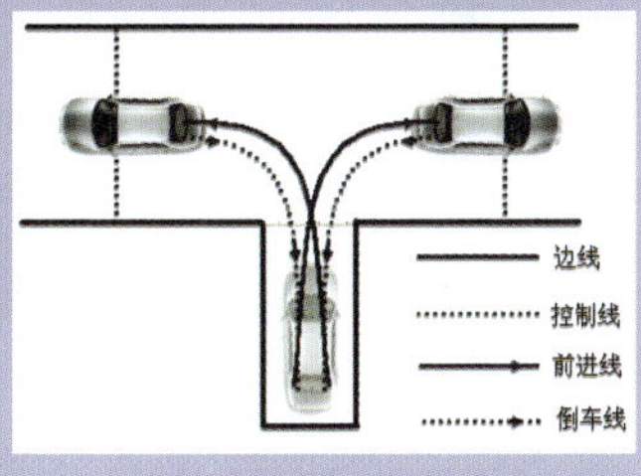

倒车入库考场操作要求

(3) 考试注意事项

① 调整座椅，由于各人身高、胖瘦各异，开车时座椅前后位置差异比较大，如果调整不合适，将会影响倒车“看点”的准确度。

② 调整后视镜。倒车时从后视镜中观察车身与标线的距离、是否平行等。

③ 在入库前调整车身与边线的距离，以 1.5 ~ 2m 为宜，距离过小，在转尽方向入库时容易导致车头出线；距离过大，则会出现入库困难，甚至不能入库的情况。

④ 入库后修整方向时，双手要始终在转向盘上，不要大角度地

抡方向，手随转向盘动，两者之间不要有滑动，坚持“转多少”再“回多少”的原则。

⑤ 倒车或前进时车身不得出黄线范围，否则因“车身出线”而不合格。

⑥ 倒车或前进途中不得停车。

⑦ 考试进库及考试完出库期间，车身均不能压线。

(4) 考试评判标准

① 不按规定路线顺序行驶，扣100分，判断为不合格。

② 没有完全倒入库内，扣100分，判断为不合格。

③ 车身出线，扣100分，判断为不合格。

④ 中途停车，扣100分，判断为不合格。

⑤ 超过4min未完成倒车入库，扣100分，判断为不合格。

(5) 操作过程分解

① 在起点位置摆正车身，一般左侧离边线1.5 ~ 2m。

在起点位置摆正车身

② 踩下离合器踏板，换倒档并松开驻车制动器，然后在半联动离合状态下开始倒车，扭头看右侧后窗，当三角玻璃处“红点”对准1号线时，迅速将转向盘向右转尽。

学员身高存在差异，所以看到的三角玻璃位置略有差异，三角玻璃处“红点”只供参考。

开始倒车

③ 观察右侧后视镜，当车身离车库 1 号线前角约 30cm 时，迅速将转向盘回正，然后继续往后倒。

如果 1 号线前角距离车身太宽，则不用回正转向盘。

④ 继续观察右侧后视镜，当右后轮中间位置跟 1 号线前角对齐时，迅速将转向盘向右转尽，继续往后倒车。

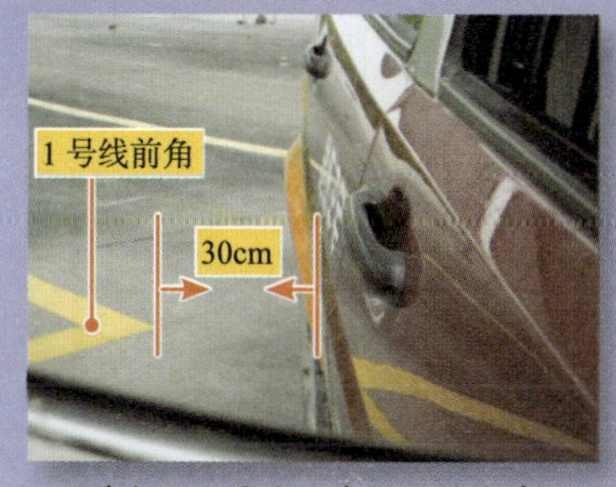

到达此位置时迅速回正转向盘

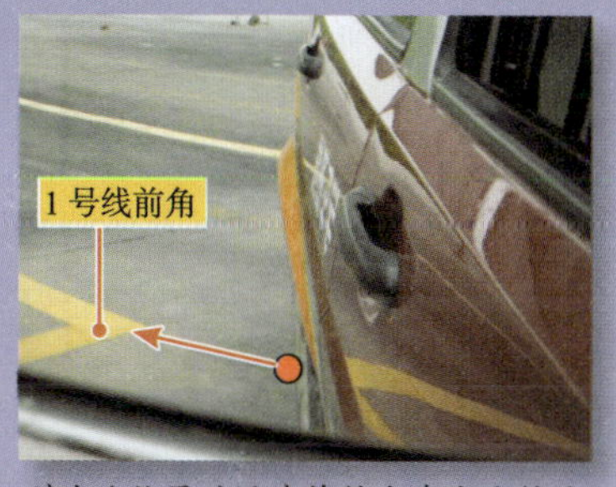

到达此位置时迅速将转向盘向右转尽

⑤ 继续观察右侧后视镜，当 1 号线完全出现时，迅速将转向盘回正，继续往后倒车。

⑥ 观察左侧后视镜，当前车门外拉手与 2 号线对齐时，停车，完成第一次倒库。

⑦ 将变速杆换入 1 档前行，当发动机盖距离车道边缘线约 20cm 时，迅速将转向盘向左转尽，继续前进。

迅速将转向盘回正

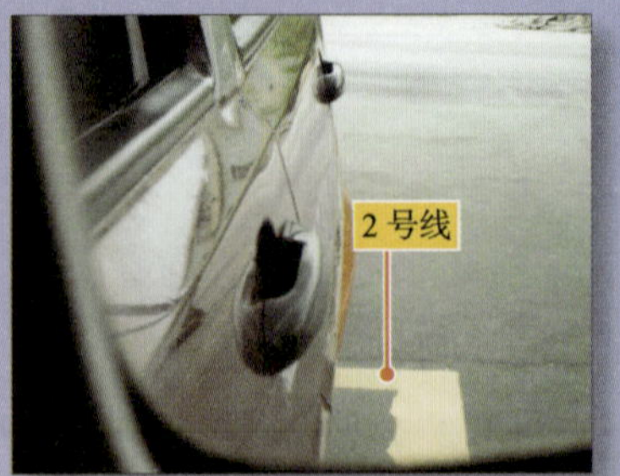

停车，完成第一次倒库

第一次出库到此位置时迅速将转向盘向左转尽

⑧ 当车身与车道边缘线平行时，迅速回正转向盘，继续前进约1m时即停车，完成第一次出库。

完成第一次出库

⑨ 换倒档，往后倒车，当左侧车门内锁扣与3号线中部及1号线底角对齐时，迅速将转向盘向左转尽，继续倒车。

⑩ 观察左侧后视镜，当车身离3号线前角约30cm时，迅速将转向盘回正，然后继续往后倒。

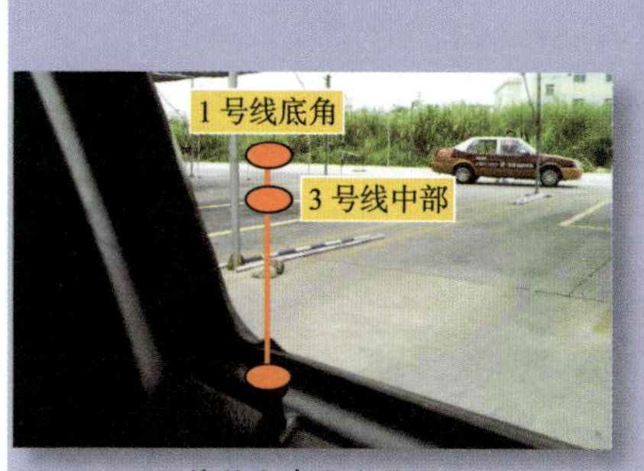

将转向盘向左转尽

迅速将转向盘回正

⑪ 继续观察左侧后视镜，当左后轮中间位置跟 3 号线前角对齐时，迅速将转向盘向左转尽，继续往后倒车。

⑫ 继续观察左侧后视镜，当 3 号线完全出现时，迅速将转向盘回正，继续往后倒车。

迅速将转向盘向左转尽

将转向盘回正

⑬ 观察右侧后视镜，当前车门外拉手与 2 号线对齐时，停车，完成第二次倒库。

⑭ 将变速杆换入 1 档前行，当发动机盖距离车道边缘线约 20cm 时，迅速将转向盘向右转尽，继续前进。

⑮ 当车身与车道边缘线平行时立即回正转向盘，然后继续前行，将车开回起点，完成第二次出库后倒库操作完成。

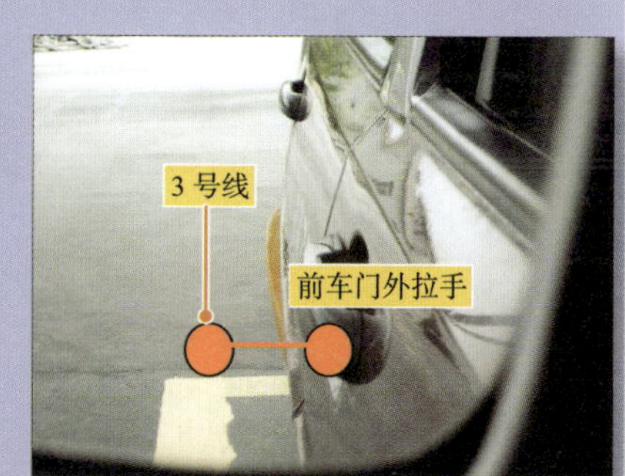

停车，完成第二次倒库

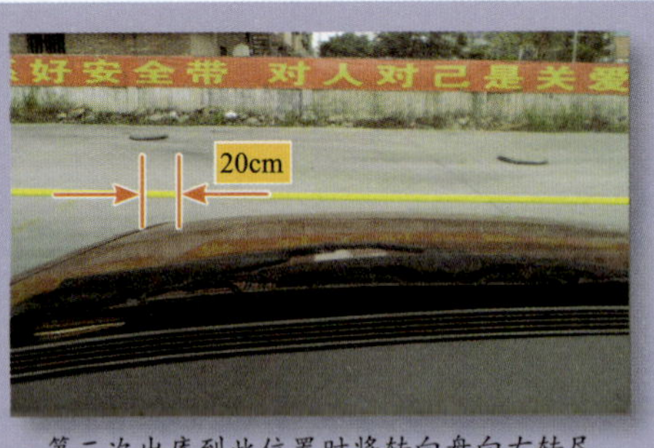

第二次出库到此位置时将转向盘向右转尽

停车，倒车入库操作完成

2. 侧方位停车

(1) 考场要求

新规实施后，侧方位停车全部采用地上划线的形式做车库边界。小型车侧方停车的场地尺寸如下：

① 车位 (库) 长 = 车长 ×1.5+1m。

② 车位 (库) 宽 = 车宽 +0.8m。

③ 车道宽 = 车宽 ×1.5+0.8m。

侧方位停车考场要求

(2) 考试操作要求

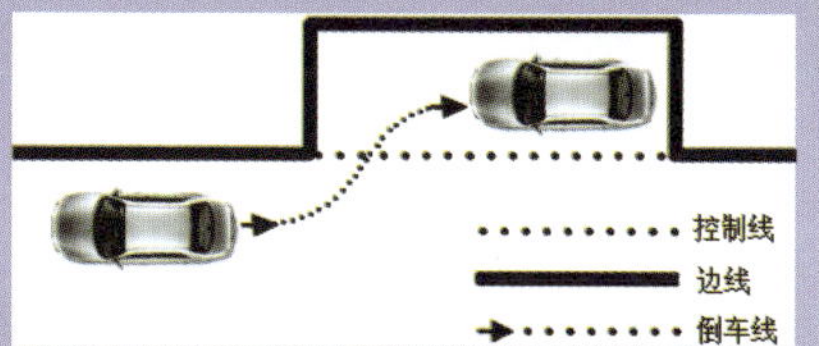

侧方位停车考试操作要求

① 听到侧方停车指令后，半联动驾车沿停车位慢速平行前进（车头右侧先 1/2，再逐渐 1/3 处压库边线行驶，即保持车右侧距库边线 30cm），当右后视镜中看到库前边线时，先踩下离合器踏板，然后踩下制动踏板停车。

② 踩离合器踏板，换倒档，然后转右转向灯 3s 以上，抬制动踏板，缓慢松开离合器踏板倒车。

车头如果是斜的，倒车时可将转向盘向车头偏的一方转到尽头，待车身回正时立即将转向盘回正。

③ 当右后视镜中刚看不到库前边线，转向盘向右转尽继续倒车。

④ 观察车身与库左边线成 45° 时，转向盘向左侧回正（1.5 圈）。

⑤ 回轮后继续缓慢倒车，看左后视镜，当左后轮到库左边线前 10cm 时，迅速将转向盘向左转到尽头。

⑥ 观察右后视镜，待车回正时，将转向盘回正，观察车没有到位时，继续后倒（使后轮进入感应区但不出后感应区），先踩下离合器踏板，然后踩下制动踏板停车，拉驻车制动器（手刹），换入空档，再抬离合器踏板，抬制动踏板，停 10s 左右，待通知考试合格后再准备重新起步出库。

⑦ 踩离合器踏板，换 1 档，转左转向灯 3s 以上，按一下喇叭，松驻车制动器、慢抬离合器踏板用半联动缓慢起步；转向盘向左转到尽头。

⑧ 车沿左侧前进，当车头中间压道路左边线时尽快向右转 1.5 圈（回正），随后根据路况再向右转 1 圈，并适当调整。

⑨ 出库后车身与库边线平行后立即将转向盘回正；继续前行，驶离本项目考试区。

(3) 考试注意事项

① 加速踏板一定要稳住，特别是转动转向盘的时候，要有意识

地放松一点，否则速度容易加快不好控制。

② 首先要找到一个合适的停车点，为下一步倒车入库的操作做准备。接下来就是及时转动转向盘，然后及时回转向盘。如果回转向盘晚就会造成右侧车身出线；如果回转向盘早，会造成左侧车身出线。

③ 在倒车的时候，不注意判断车辆位置，容易使后方车身出线。在完成整个侧方停车的过程中也要做到手快、眼快，车速尽量放慢。

④ 倒车或前进时车身不得出黄线范围。

⑤ 倒车或前进时车中不得停车。

⑥ 考试进库及考试完出库期间，车身均不能压线。

(4) 考试评判标准

① 车辆入库停止后，车身出线，扣100分，判断为不合格。

② 行驶中车轮触压车道边线，扣10分。

③ 未停车于库内，扣100分，判断为不合格。

④ 起步未开左转向灯，扣10分。

⑤ 倒车未开右转向灯，扣10分。

⑥ 中途停车，扣100分，判断为不合格。

⑦ 行驶中轮胎触压库位和车道线的，扣20分。

⑧ 车辆入库停稳后，车身出库位线的，扣20分。

⑨ 入库后未摆正车身位置的，扣5分。

⑩ 一进一退，未能入库的，扣20分。

⑪ 超过4min，扣100分，判断为不合格。

(5) 操作过程分解

① 换倒档，观察右侧后视镜，当车轮中间与右前角对齐时，将转向盘向右转尽，继续倒车。

② 观察左侧后视镜，当车后轮眉边缘与车库线相交时，迅速将转向盘回正，继续倒车。

③ 继续观察左后视镜，当车右后轮接近车库线时，迅速将转向盘向左转尽，继续倒车。待发动机盖偏离车库线约10cm时，迅速回正转向盘停车，完成入库操作。

倒车开始

调整位置

④ 换 1 档，往左转尽方向，观察左后视镜，当车左后轮眉边缘对齐车库线时，将转向盘向右转尽，待车身与车道边缘线平行，即回正转向盘，往前行约 1m，即完成出库。

继续调整

出库操作

3. 坡道定点停车和起步

(1) 考场要求

坡道定点停车和起步的坡度必须 ≥ 10°，小型车的陡坡长度要 ≥ 20m。

坡道定点停车和起步考场要求

(2) 考试操作要求

① 控制车辆准确停车，平稳起步，车辆不得后溜。

② 在考试过程中，学员在陡坡停车后，必须在 30s 内起步。

(3) 考试注意事项

① 坡道定点停车，学员目测目标时，坐姿要端正。

② 起步前必须记得开左转向灯。

③ 坡道起步，应注意离合器踏板、加速踏板和驻车制动器操纵杆的协调配合，放松驻车制动器操纵杆的时机很关键，迟了汽车无法起步，发动机会熄火；早了则会造成车辆后溜。

(4) 考试评判标准

① 没有定点停车，扣 100 分，判断为不合格。

② 车辆停止后，汽车前保险杠未到控制线，扣 100 分，判断为不合格。

③ 停车后，后溜大于 30cm，扣 100 分，判断为不合格。

④ 停车后，后溜小于 30 cm，扣 10 分。

⑤ 起步未开左转向灯，扣 10 分。

⑥ 车辆行驶中压道路边缘实线，扣 100 分，判断为不合格。

⑦ 车辆停止后，前保险杠未到停车线，扣 10 分。

⑧ 停车时右前轮距边缘线 30cm 以上，扣 10 分。

⑨ 起步时间超 30s，扣 100 分，判断为不合格。

(5) 操作过程分解

① 换 1 档起步开左转向灯，使车身与黄线保持 30cm 以内（或沿右侧白色实线）缓慢前行，中途不得停车，或大幅度减速。

② 当发动机盖盖住第一条黄色停止线时，应停车，拉驻车制动器，换空档，完成停车。

③ 先开左转向灯，慢抬离合器踏板至半联动状态，感觉车头有轻微抖动时，即松开驻车制动器，让车辆缓慢起步。

开始操作

完成停车

感觉车头抖动时，松开离合器踏板要慢，避免车辆熄火。

④ 下坡时轻踩制动踏板，注意控制车速。

起步

下坡行驶

4. 直角转弯

(1) 考场要求

小型车直角转弯的场地尺寸如下：

① 直角转弯路长大于等于 1.5 倍车长。

② 路宽为小型车辆的轴距加 1m。

直角转弯考场要求

(2) 考试操作要求

① 用低速按规定的行驶路线，不停车地一次通过 90° 急转弯直角。

② 控制好车速将车沿直角转弯车道外黄线内 30cm 左右前进。

(3) 考试注意事项

① 一般转向角度大的车辆，转动转向盘的时机要晚些，转向角度小的车辆，则适当提前。

② 要注意内轮差，正确估计内后轮的轨迹，不得压向直角凸起点和边线，不得停车和倒车。

③ 当车头转到方向后，要特别注意防止右（左）前轮压及外侧线。

④ 1 档通过，不加速。

⑤ 看到车头对准出口，就迅速将转向盘回正。

(4) 考试评判标准

① 任一车轮压道路边缘线，扣 100 分，判断为不合格。

② 中途停车，扣 100 分，判断为不合格。

(5) 操作过程分解

1）直角左转弯

① 保持车身距离边线约 30cm，将车辆驶入直角。

② 当左侧后视镜与直角的内角平齐时，将转向盘向左转尽，继续前进。

将车辆驶入直角

调整方向

③ 当车头对准出口时，迅速将转向盘回正，继续前行，待车辆完全驶出直角，完成直角转弯。

将转向盘回正

2）直角右转弯

① 保持车身距离边线约 30cm，将车辆驶入直角。

② 当右侧车前门内拉手与门锁之间的部分对齐内角前边线时，迅速将转向盘向右转尽，继续前行。

车辆驶入直角

调整位置

③ 当车头对准出口时，迅速将转向盘回正，继续前行，待车辆完全驶出直角，完成直角转弯。

将转向盘回正

5. 曲线行驶

(1) 考场要求

曲线行驶的场地类似字母“S”，尺寸如下：

① 半径为 7.5m。

② 路宽为 3.5m。

③ 弧长为 3/8 圆周。

曲线行驶考场要求

(2) 考试操作要求

① 驾驶车辆从弯道的一端前进驶入，从另一端驶出。

② 行驶中转向、速度平稳。

③ 中途不得停车，车轮不得压车道边线。

(3) 考试注意事项

① 驶进弯道时，应提前减速、靠右行。

② 转动转向盘不能过快过急。

③ 应尽可能选择转弯半径大的路线行驶。

④ 应避免使用制动，特别是使用紧急制动。

(4) 考试评判标准

① 任一车轮压道路边缘线，扣 100 分，判断为不合格。

② 中途停车，扣 100 分，判断为不合格。

(5) 操作过程分解

① 将车辆开至曲线的入口处。

② 进入曲线行驶路口时将车辆摆正，保持 5km/h 的速度进入。

③ 当车头中间与右边线重合时向左转动转向盘一圈左右，适当调整转向盘让车辆沿着右侧边缘线前行。

车辆开至曲线的入口处

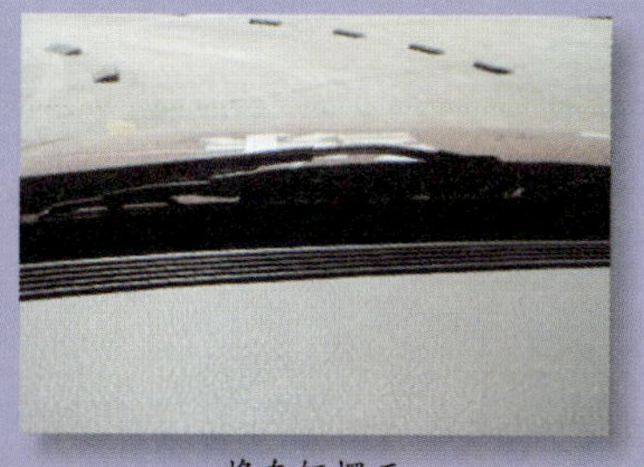

将车辆摆正

④ 从前风窗玻璃观察，保持左车头尖角沿左边线行驶，出现偏差及时微调方向，不可调得“过多或太急”。

适当调整转向盘位置

微调方向

⑤ 当发动机盖住左侧边缘线时，迅速将转向盘向右转一圈，适当调整转向盘，保持“车头中间”沿左边线前行。

⑥ 继续前行直至驶出曲线，完成操作。

继续调整转向盘位置

驶出曲线

第7章

科目三　道路驾驶技能考试辅导

科目三　道路驾驶技能考试主要考核实际道路驾驶技能。在日常驾驶的培训过程中只要严格按照教练员或者随车指导员的指导，勤加训练就能掌握其技能。但是要通过科目三考试还得注意其考试的内容和细节，本章主要针对现场考试讲解，让你提前熟悉考场及相关的考点和知识，为通过科目三考试提供帮助。

1. 上车准备

(1) 考试操作要求

1）上车认证

学员到达指定考试车辆旁，车载系统对考生进行信息比对（指纹或考试卡）、监控拍照。在学员身份被确认后，系统自动发出“上车准备”指令，学员（下车）向考试员报到，科目三考试正式开始。

指纹认证

2）车外检查

学员听到“上车准备”指令后，首先逆时针绕车一周，检查车辆外部和周围安全，然后走到考试员门前报告情况、请求上车。

上车时注意观察前后交通情况，确保无碍后上车。

车外检查

上车

学车提示

系统判断考生是否完成绕车一周的关键点是开关车门动作，如学员不绕车一周前开门，系统会判没有绕车一周。绕车一周的顺序是：左后轮→车尾部（观察有无障碍物）→右后轮→右前轮→车前部（观察有无障碍物）→左前轮。

3）车内准备

当学员上车后向考试员递上身份证件，然后调整座椅、检查后视镜，系统上安全带，检查驻车制动器，换入空档位，请示考试员。

车内准备

(2) 考试注意事项

1）从车身左后侧到车头都装有检测探头，如未检测到学员绕车一周，将被扣分。

2）学员绕圈时必须靠近车身，确保红外线系统能够感应到绕车检查。

3）绕车时顺便留意一下车身与右侧的距离，若距离过宽，则靠边停车时要向右打方向调整，若过窄，则向左打方向调整。

(3) 考试评判标准

1）开门上车前不绕车一周检查车辆外观及安全状况，不合格。

2）打开车门前不观察后方交通情况，不合格。

2. 起步

(1) 考试操作要求

1）起动发动机

上车准备结束，系统发出“请准备完毕后立即起步”指令；学

员起动发动机，系统发出“请起步”指令。听到起步指令，学员应在 1min 内完成起步动作。

起动发动机

2）车辆起步

左脚踩离合器踏板，右手换 1 档，打开左转向灯（夜间起步变换灯光 3 次、夜间超车或会车变换灯光 2 次），鸣喇叭两声，看左右后视镜，松开驻车制动器，慢抬离合器踏板，轻点加速踏板，车辆平稳起步。

①打开左转向灯

②鸣喇叭

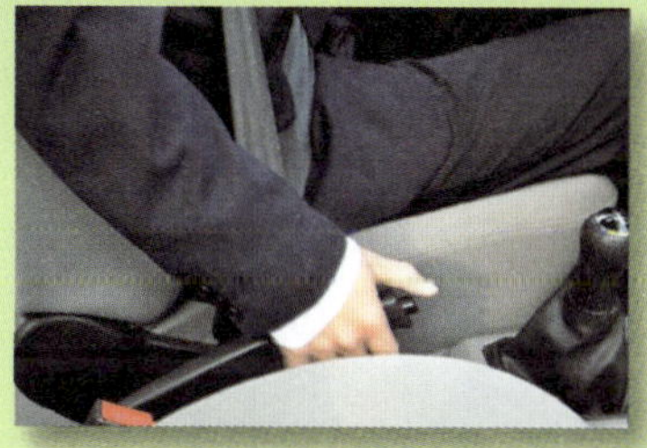

③松开驻车制动器

3）汇入车流

车辆起步后，看左后视镜，在保证安全的情况下，轻踩加速踏板，换入 2 档，向左轻转动转向盘，驶入行车道，向右回正方向，关闭转向灯。

汇入车流

(2) 考试注意事项

① 开启左转向灯时要保持 3s 以上。

② 起步时不能后溜和熄火。

③ 起步过程中小型汽车发动机转速控制在 3000r/min 左右。

(3) 考试评判标准

① 制动气压不足起步，不合格。

② 车门未关闭起步，不合格。

③ 起步前，未通过后视镜并向左方侧头，观察左、后方交通情况，不合格。

④ 起动发动机时，变速杆未置于空档（或者 P 位），扣 10 分。

⑤ 发动机起动后，不及时松开点火钥匙，扣 10 分。

⑥ 不松驻车制动器起步，扣 10 分。

⑦ 道路交通情况复杂时起步不能合理使用喇叭，扣 10 分。

⑧ 起步时车辆发生闯动，扣 10 分。

⑨ 起步时，加速踏板控制不当，致使发动机转速过高，扣 5 分。

⑩ 起动发动机前，不调整驾驶座椅、后视镜、检查仪表，扣 5 分。

⑪ 不按规定使用安全带，不合格。

⑫ 起步不使用转向灯的，扣 10 分。

3. 靠边停车

(1) 考试操作要求

系统发出“请靠边停车”指令后，要在 200m 内且时间不超过 1min 完成靠边停车，具体操作如下：

① 听到“请靠边停车”指令后，立即开右转向灯，并通过内、外后视镜观察后方和右侧交通情况。

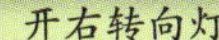
开右转向灯

观察后方和右侧交通情况

② 等待 3s 后开始转向靠边停车，停车后车身距离道路右侧边缘线或者人行道边缘线 0 ~ 30cm。

③ 在完成靠边停车动作时，学员应在放松制动踏板前，拉紧驻车制动器。靠边停车完成，车载语音提示：“请起步，继续完成考试”。

开始转向靠边停车

拉紧驻车制动器

④ 重新起步时，仍需开转向灯，3s 后，换 1 档，按喇叭，松驻车制动器，缓抬离合器踏板，轻踩加速踏板，平稳起步。

(2) 考试注意事项

① 靠边停车不要忘记看车内后视镜，停车后车身距离道路右侧边缘线不超过 30cm。

② 靠边停车的速度不能太慢，当速度低于 3km/h 时，考试系统即认为已停车。因此考试时，学员必须判断准确，操作流畅，只要车辆右前后轮进入路边 30cm 之内就立刻停车。

③ 若车辆超过停车区域（右边线）还未停车的，则判定为“不按考试员指令驾驶，考试不合格”。

(3) 考试评判标准

① 停车前，不通过内、外后视镜观察后方和右侧交通情况，不合格。

② 停车后，车身超过道路右侧边缘线或者人行道边缘线，不合格。

③ 停车后，在车内开门前不侧头观察侧后方和左侧交通情况，不合格。

④ 停车后，车身距离道路右侧边缘线或者人行道边缘线大于30cm，扣20分。

⑤ 停车后，未拉紧驻车制动器，扣20分。

⑥ 拉紧驻车制动器前放松行车制动踏板，扣10分。

⑦ 下车后不关车门，扣10分。

⑧ 下车前不将发动机熄火，扣5分。

⑨ 夜间在路边临时停车不关闭前照灯或不打开危险警告灯，扣5分。

4. 变更车道

(1) 考试操作要求

① 系统听到“变更车道”指令后，学员必须在100m内完成，且时间不能超过1min。

② 在考试过程中，究竟是向左还是向右变更车道，考生根据实际交通情况自主决定：向当前行驶车道的临近车道变更。

③ 变更车道时，要保持与目标车道上行驶车辆的安全距离，控制行驶速度，不得妨碍其他车辆的正常行驶。车向左（或右）边变更车道就往左（或右）边拨转向灯，看左（或右）边的后视镜，向左（或右）边转动转向盘变更车道。

变更车道

(2) 考试注意事项

① 变更车道前，正确开启转向灯并保持 3s 以上，通过内、外后视镜观察后方道路交通情况，确认安全后变更车道，变更车道完毕关闭转向灯。

② 若听到语音提示后 100m 内未变更车道，则评定为“不按考试员指令驾驶，考试不合格”。

③ 当旁边的车道不适合变道时，应该减速等待变道机会，但不能长时间骑轧分道线等待。

(3) 考试评判标准

① 变更车道前，不通过内、外后视镜观察后方道路交通情况，不合格。

② 变更车道时，判断车辆安全距离不合理，妨碍其他车辆正常行驶，不合格。

③ 连续变更两条以上车道，不合格。

④ 变更车道前，要使用对应的转向灯，且开灯时间不得少于 3s。不打开转向灯，扣 20 分；少于 3s，扣 10 分。

5. 通过人行横道线

(1) 考试操作要求

提前减速、鸣喇叭示意，观察两侧交通情况，确认安全后，合理控制车速通过，遇行人停车让行。

通过人行横道线

(2) 考试注意事项

① 听到语音提示后应马上减速，观察人行横道线两侧交通情况，如有行人通过或准备通过人行横道线，提前在人行横道线外停车等待。如没有，低速通过。

② 如果车载语音没有提示，通过人行横道线时将车速控制在25km/h以下。

(3) 考试评判标准

① 经过人行横道线前，不观察左、右方交通情况的，不合格。

② 不按规定减速慢行的，不合格。

③ 将车辆停在人行横道、网状线内等禁止停车区域的，不合格。

④ 遇行人通过人行横道没有停车礼让行人的，不合格。

6. 超车

(1) 考试操作要求

系统发出超车指令后，要在1min之内完成超车动作。超车前，保持与被超越车辆的安全跟车距离。从后视镜观察两侧交通情况，打开左转向灯，看左后视镜，选择合理时机，鸣喇叭（夜间还应交替使用远近光灯），从被超越车辆的左侧超越。

超车时，侧头观察被超越车辆的动态，保持横向安全距离。超越

后，要保持直线行驶至少10s，在不影响被超越车辆正常行驶的情况下，打开右转向灯，看右后视镜，逐渐驶回原车道，关闭转向灯。具体的步骤如下：

①进入超车区域

②打开左转向灯

③看左后视镜

④鸣喇叭进入左侧车道超车

⑤打开右转向灯

⑥逐渐驶回原车道并关闭转向灯

(2) 考试注意事项

① 一定要观察车内、外后视镜情况，提前打开左转向灯。如果出现不打开转向灯变更车道的行为，将扣 20 分；出现打开转向灯不足 3s 的变更车道行为，将被扣 10 分。

② 超车不一定有车被超越，只需要完成超车的规定变道和灯光使用、观察等操作即可。

③ 若系统设置项目考试路段距离内未超车，则评定为“不按考试员指令驾驶，考试不合格”。

(3) 考试评判标准

① 超车前不通过内、外后视镜观察后方和左侧交通情况，不合格。

② 超车时机选择不合理，影响其他车辆正常行驶，不合格。

③ 超车时未与被超越车辆保持安全距离，不合格。

④ 超车后急转向驶回本车道，妨碍被超车辆正常行驶，不合格。

⑤ 从右侧超车，不合格。

⑥ 当后车发出超车信号时，具备让车条件不减速靠右让行，扣10分。

7. 路口左转弯

(1) 考试操作要求

开左转向灯，看左后视镜，在虚线区驶入左转车道，踩离合器踏板微带制动减速至8～17km/h，3档变2档（速度太慢变1档），观察左侧交通情况，左转车辆慢行，礼让右转车辆通过路口。

路口左转弯

(2) 考试注意事项

① 通过速度低于 30km/h。

② 应按规定减速或瞭望，并观察左、右方及侧前方交通情况；遇到路口阻塞时将车辆停在路口外等待。

(3) 考试评判标准

① 通过路口时要根据指令选准车道（直行、左转和右转），选错不合格。

② 不按规定减速或停车瞭望的，不合格。

③ 不观察左、右方交通情况，转弯通过路口时，未观察侧前方交通情况的，不合格。

④ 遇有路口交通阻塞时进入路口，将车辆停在路口内等候的，不合格。

⑤ 左转通过路口时，未靠路口中心点左侧转弯的，扣 10 分。

⑥ 转弯通过路口，不开转向灯扣 20 分，少于 3s 扣 10 分。

8. 直线行驶

(1) 考试操作要求

直线行驶考察学员对方向稳定控制的技能，不再要求档位和车速。学员要适时观察交通状况，根据不同路况合理控制车速、正确使用档位，控制跟车距离，保持直线行驶。

1）观察交通状况

行驶过程中要适时 (每隔 20s) 观察内、外后视镜，视线不得离开行驶方向超过 2s。时刻观察前后车况、跟车距离、车道路况，时刻准备减速慢行。

2）控制档位和车速

不刻意要求档位和车速，但要求全程必须有达到 4 档的操作。因此，要根据交通状况适时用换档、制动控制车速：如遇前车制动、车距缩短、路面障碍，要及时采取减速措施（减档或点制动）；如遇前车加速、车距较大、路况较好，可适时采取加速措施（加档或踩加速踏板）。

3）保持直线行驶

不论车速高低，都要控制直行。方向是否稳定控制以车辆行驶方向偏差角度不超过 10° 为标准。在行驶过程中，要眼盯前方 100m 处，根据行车方向的偏角随时调整方向。

观察前方 100m 处

直线行驶

(2) 考试注意事项

① 在直线行驶过程中，系统通过检测车道两边线和车辆的横向距离来判断变动范围。

② 考试时应平行于路边线（或参考线）行驶，当与路边线距离变动范围大于 30cm 时判断为不合格。

(3) 考试评判标准

① 方向控制不稳，不能保持车辆直线运动状态，不合格。

② 遇前车制动时不采取减速措施，不合格。

③ 超过 20s 不通过后视镜观察后方交通情况，扣 10 分。

④ 不了解车辆行驶速度，扣 10 分。

⑤ 未及时发现路面障碍物，未及时采取减速措施，扣 10 分。

9. 掉头

(1) 考试操作要求

系统发出掉头指令后，要在 1min 之内完成掉头动作。掉头时，要降低车速，观察交通情况，正确选择掉头地点 (直路) 和时机 (对面无来车)，然后打左转向灯后掉头。

1 ）顺道掉头

考试员发出顺道掉头指令，如果道路单向只有一条车道，掉头时打开左转向灯，借右边人行道掉头。

2 ）路口掉头

考试员发出路口掉头指令，如果路口有红绿灯，务必等绿灯亮时，借右边人行道掉头；如果路口没有红绿灯，务必先把车辆停下来观察四周，确定安全后掉头。一般地，多数单向一条车道的路口会分直行左转弯和右转弯两条车道，这时务必选直行左转弯车道掉头。

3 ）两车道掉头

听到指令或见掉头标志，踩离合器踏板带制动降低车速，换 1 档松离合器踏板，打开左转向灯。先将转向盘往右转一圈，再迅速往左转两圈，掉头后适时回正方向。

4 ）四车道掉头

掉头

听到指令，打开左转向灯，变道进入快车道，再打开左转灯，踩离合器踏板带制动放慢车速，换 1 档，先将转向盘往右转一圈，再迅速往左转两圈，掉头后适时回正方向，掉头后进入快车道，过了白线后变入慢车道。

(2) 考试注意事项

① 掉头时转向灯不仅要提前开启，而且在车没有完成掉头的时候不能提早关闭转向灯。

② 掉头过程中不能压实线。

③ 在掉头过程中，转向灯可能会自动弹回，这时候要及时开启。

(3) 考试评判标准

① 不能正确观察交通情况选择掉头时机，不合格。

② 掉头地点选择不当，不合格。

③ 掉头时，妨碍正常行驶的其他车辆和行人通行，不合格。

10. 加减档位操作

(1) 考试操作要求

加减档位考察学员对档位操作控制的技能，其基本要求是速度匹配、及时平稳、不准越级。档位与车速的匹配关系为：1 档车速不超过 20km/h；2 档车速不超过 30km/h；3 档车速不超过 40km/h；4 档车速不低于 30km/h。

① 在考试过程中，不单独发加减档指令，系统根据全程实际换档情况作出判断。要求 1 档连续行驶不超过 100m，2 档连续行驶不超过 200m，全程 1 档与 2 档行驶路程总和不超过 500m。

② 加减档位要与车速匹配，加档要踩加速踏板，减档要松加速踏板。换档时先踩离合器踏板后摸变速杆，踩离合器踏板时松加速踏板，踩加速踏板时松离合器踏板。

加减档位操作

③ 每次换档前，要看一下左后视镜，确保安全时再换档。加档：看左后视镜→踩加速踏板→松离合器踏板→松加速踏板→换空档→踩离合器踏板→加 1 档。减档：看左后视镜→松离合器踏板→松加速踏板→换空档→松离合器踏板→踩加速踏板→踩离合器踏板→减 1 档。

(2) 考试注意事项

① 学员要注意观察交通情况，选择合适的车道加档行驶，注意车速与档位相匹配。

② 换档时间间隔不能超过 10s；不能越级挂档或 2 次挂不进相应的档位。

③ 加减档只需要完成一次加档、一次减档。

(3) 考试评判标准

① 在换档过程，如果用眼睛看着变速杆换档视为不合格。

② 车辆运行速度和档位不匹配的，扣 10 分。

③ 未按指令平稳加、减档的，不合格。

11. 路口右转弯

(1) 考试操作要求

打开右转向灯，看右后视镜，在虚线区驶入右转车道，踩离合器踏板微带制动减速至 8 ~ 17km/h，3 档变 2 档（速度太慢变 1 档），观察右侧交通情况，然后安全转弯。

路口右转弯

(2) 考试注意事项

① 通过速度低于 30km/h。

② 要按规定减速或瞭望的，并观察左、右方及侧前方交通情况、遇到路口阻塞时将车辆停在路口外等待。

(3) 考试评判标准

① 通过路口时，要根据指令选准车道（直行、左转和右转），选错不合格。

② 不按规定减速或停车瞭望的，不合格。

③ 不观察左、右方交通情况，转弯通过路口时，未观察侧前方交通情况的，不合格。

④ 遇有路口交通阻塞时进入路口，将车辆停在路口内等候的，不合格。

⑤ 右转通过路口时，未靠路口中心点右侧转弯的，扣10分。

⑥ 转弯通过路口时，不打转向灯扣20分，少于3s扣10分。

12. 会车

(1) 考试操作要求

系统发出会车指令后，学员要正确判断会车地点，会车有危险时，控制车速，提前避让，调整会车地点，会车时与对方车辆保持安全间距。会车的要领是：制动减速，靠右行驶。

会车

(2) 考试注意事项

① 进入会车路段时，学员要特别注意安全，注意观察对面来车的动态。

② 如果没有车辆相会，只需减速并平稳通过。

③ 如果会车时发生用紧急转向来避让相对方向来车等不安全的驾驶行为等，不合格。

(3) 考试评判标准

① 在没有中心隔离设施或者中心线的道路上会车时，不减速靠右行驶，并与其他车辆、行人或者非机动车未保持安全距离，不合格。

② 会车困难时不让行，不合格。

③ 横向安全间距判断差，紧急转向避让相对方向来车，不合格。

13. 通过学校区域

(1) 考试操作要求

提前减速、禁止鸣喇叭，观察情况，文明礼让，确保安全通过，遇有学生横过马路及时停车让行。

通过学校区域

(2) 考试注意事项

① 考试车进入通过学校区域后，车载语音提示“前方学校”，学员应将车辆减速至30km/h以下。

② 观察车辆前方及侧方情况，是否有小学生突然冲出马路等突发情况，文明礼让。

(3) 考试评判标准

① 不按规定减速慢行的，不合格。

② 不观察左、右方交通情况的，不合格。

③ 未停车礼让行人的，不合格。

14. 直行通过路口

(1) 考试操作要求

通过路口项目重点考察考生的安全意识，必须要减速慢行，要有制动动作，且车速不得超过30km/h。

① 当听到系统发出通过路口的语音指令后，学员不一定立即做动作，但必须在到达停车横线位置前50m内完成变灯、观察、减速（或制动）等操作。

直行通过路口

② 交替使用远、近光灯示意，看后视镜，在虚线区驶入直行车道，踩离合器踏板微带制动减速至8 ~ 17km/h，3档变2档（若速度

太慢则变 1 档），观察左、右方交通情况，稳住转向盘慢行，礼让直行车通过路口。

(2) 考试注意事项

① 通过速度低于 30km/h。

② 要按规定减速或瞭望，并观察左、右方及侧前方交通情况；遇到路口阻塞时将车辆停在路口外等待。

(3) 考试评判标准

① 通过路口时，要根据指令选准车道（直行、左转和右转），选错不合格。

② 通过路口时，不按规定避让行人和优先通行的车辆，不合格。

③ 通过路口时，不按规定减速慢行或停车瞭望，不合格。

④ 直行通过路口，不观察左、右方交通情况，不合格。

⑤ 遇有路口阻塞时进入路口，将车辆停在路口内等候，不合格。

15. 通过公共汽车站

(1) 考试操作要求

提前减速，观察公共汽车进、出站动态和乘车人上下车动态，着重注意同向公共汽车前方或对向公共汽车后方有无行人横穿道路。

通过公共汽车站

(2) 考试注意事项

① 考试车进入通过公共汽车站区域后，学员应将车辆减速至 30km/h 以下。

② 观察车辆前方及侧方情况，是否有行人突然冲出马路等突发情况，文明礼让。

(3) 考试评判标准

① 不按规定减速慢行的，不合格。

② 不观察左、右方交通情况的，不合格。

③ 未停车礼让行人的，不合格。

④ 将车辆停在人行横道、网状线内等禁止停车区域，不合格。

16. 夜间行驶

(1) 考试操作要求

夜间行驶，由于视野变窄、视距变短，所以一定要放慢行驶速度。起步前开启前照灯。行驶中正确使用灯光。无照明或照明不良的道路，使用远光灯；照明良好的道路、会车、路口转弯、近距离跟车等情况，使用近光灯。超车、通过急弯、坡路、拱桥、人行横道或没有交通信号灯控制的路口时，应当交替使用远、近光灯示意。

夜间行驶

1）灯光使用

① 与机动车、非机动车、行人会车时，须距对面来车150m以外，互相关闭远光灯，改为近光灯，如果对面来车没有关闭远光灯，可变换远、近光灯，示意对面来车关闭远光灯。

② 超车时，变换远、近光灯，示意前车让路。

③ 在行驶过程中，发现后车用远、近光灯示意超车，只要有让路条件，就必须及时减速、靠右让路。

④ 跟车行驶时，不要使用远光灯，要使用近光灯。

⑤ 在有路灯照明的道路上行驶时，不要使用远光灯。

⑥ 在车辆掉头或遇到交叉路口时，不要使用远光灯。

⑦ 起步前，关闭危险警告灯，停车后，开启危险警告灯。

打开前照灯

变换远、近光灯

2）路况判断

① 利用耳朵判断。黑夜路况难以判断，视觉在黑暗中受阻，可利用耳朵判断。一般来说，如果感到发动机声音变得沉闷、同时车速变缓，说明行驶阻力增加，汽车可能正行驶在上坡或松软路面上。如果感觉发动机声音变得轻快、车速自动加快，说明行驶中阻力减小，汽车可能正行驶于一段下坡路中。

② 借助光线判断。人的视觉系统是有着很强适应性的，黄昏时分，可以在确保安全的前提下，只开示宽灯，让眼睛适应一下光线不足的情况，而到了夜晚，有了近光灯的辅助，视线也会更好一些。

③ 巧用灯光判断。夜间行车常遇到交叉路口，可根据对向路来车灯光的照射，预测对方车行驶情况，如路口内看到远光灯的散射光，可判断车距交叉路口尚远，如看到大面积的光束或在路口拐角处有明亮的光线或电线杆、影壁（多见于T字形路口），做好让行的措施。在天气好的情况下，如对方是远光灯直射光线，且距离远又清楚，可判断前方道路平坦；如远光灯光线突然消失不再出现，可判断前方有路口或弯道；如远光灯光线左右大幅度摆动，可判断前方是弯曲道路，如远光灯光线上下浮动可判断前方是坡路。

(2) 考试注意事项

① 起步前应该开启前照灯，在没有照明或照明不良的道路上应该开启远光灯。

② 良好的道路上开启近光灯。

③ 通过路口前应该交替使用远、近光灯警示等。

(3) 考试评判标准

① 不能正确开启灯光，不合格。

② 同方向近距离跟车行驶时，使用远光灯，不合格。

③ 通过急弯、坡路、拱桥、人行横道或者没有交通信号灯控制的路口时，不交替使用远、近光灯示意，不合格。

④ 会车时不按规定使用灯光，不合格。

⑤ 在路口转弯时，使用远光灯，不合格。

⑥ 超车时未变换使用远、近光灯提醒被超越车辆，不合格。

⑦ 对低能见度道路情况判断差，不合格。

⑧ 在有路灯、照明良好的道路上行驶时，使用远光灯，不合格。

第8章 科目四 安全文明驾驶常识考试辅导

科目四 安全文明驾驶常识考试是在通过科目二和科目三后再到车管所参加考试，模式则与科目一考试一样，都是在计算机上进行，它是机动车驾驶人考试中的新内容。本章主要介绍考试过程中相关的考点，让你轻松地通过考试，从而拿到驾照。

1. 安全文明驾驶操作要求

(1) 驾驶人安全行为要求

① 机动车驾驶人驾驶机动车上路行驶前应依法获得机动车驾驶证，严格执行“安全第一、预防为主”的方针，树立强烈的安全行车意识和驾驶人责任感，养成良好的文明驾驶作风和守法习惯。

② 驾驶机动车时，按照驾驶证上允许的准驾车型驾驶机动车，并随身携带机动车驾驶证、行驶证，机动车必须粘贴有效的检验合格标志、环保标志。

粘贴有效的检验合格标志及环保标志

③ 机动车驾驶人驾驶的机动车必须按照法律规定悬挂机动车号牌，并且保持清晰、完整，不得有故意遮蔽机动车号牌等驾驶行为。

④ 饮酒、服用国家管制的精神药品或者麻醉药品，或者患有妨碍安全驾驶机动车的疾病，或者过度疲劳影响安全驾驶的，不得驾驶机动车。

⑤ 不得将机动车交由未取得机动车驾驶证或者机动车驾驶证被吊销、暂扣的人驾驶；不得强迫、指使、纵容驾驶人违反道路交通安全法律、法规。

学车提示

机动车驾驶人在行车中，经常遇到其他车辆违章行驶，占道抢行，强行超车等不讲文明礼貌的行为。此时，机动车驾驶人应正确处理好有理与无理的关系，要宽容、大度，注意礼让；经常保持冷静的心态，“宁可有理让无理，不可无理对无理”，尽量避免引起事端。

① 与其他人员发生争执时，应该耐心申辩，不要带着情绪驾驶机动车。

② 遇违章超车和强行占道行驶的机动车，应注意避让。

③ 发现前方道路或路口堵塞，应按顺序减速或停车，等前方路口疏通后或

前方车辆开始行驶时，再尾随继续行驶。

④ 山区行车，对方机动车主动让行时，可低声短促鸣喇叭以感谢。

⑤ 在狭窄的路段会车时，应做到礼让三先：先慢、先让、先停。遇到路口情况复杂时，应做到“宁停三分，不争一秒”。

(2) 机动车停车的要求

机动车停车分为临时停车和机动车停放两种情况。

1）临时停车

① 按顺行方向，车身右侧紧靠道路边缘，不得超过 30cm，同时开启危险警告灯。

② 在设有禁停标志、标线的路段，在机动车道与非机动车道、人行道之间设有隔离设施的路段以及人行横道、施工地段，不得停车。

③ 交叉路口、铁路道口、急弯路、宽度不足 4m 的窄路、桥梁、陡坡、隧道以及距离上述地点 50m 以内的路段，不得停车。

④ 公共汽车站、急救站、加油站、消防栓或者消防队（站）门前以及距离上述地点 30m 以内的路段，不得停车。

⑤ 路边停车应当紧靠道路右侧，机动车驾驶人不得离车，上下人员或者装卸物品后，立即驶离。

⑥ 城市公共汽车不得在站点以外的路段停车上下乘客。

⑦ 夜间或者遇风、雨、雪、雾等低能见度气象条件时，开启示廓灯、后位灯、雾灯。

2）机动车停放

① 在停车场或者交通标志、标线规定的道路停车泊位内停放。

② 在道路停车泊位内，按顺行方向停放，车身不得超出停车泊位。

③ 借道进出停车场或者道路停车泊位的，不得妨碍其他车辆或者行人正常通行。

(3) 机动车灯光使用时的操作要求

① 向左转弯、向左变更车道、准备超车、驶离停车地点或者掉头时，应当提前开启左转向灯。

② 向右转弯、向右变更车道、超车完毕驶回原车道、靠路边停车时，应当提前开启右转向灯。

③ 车辆在夜间没有路灯、照明不良或者遇有雾、雨、雪、沙尘、冰雹等低能见度情况下行驶时，应当开启前照灯、示廓灯和前位灯，但同方向行驶的后车与前车近距离行驶时，不得使用远光灯。车辆雾天行驶应当开启雾灯和危险警告灯。

④ 车辆在夜间通过急弯、陡坡、拱桥、人行横道或者没有交通信号灯控制的路口时，应当交替使用远、近光灯示意。

⑤ 车辆驶近急弯、坡道顶端等影响安全视距的路段以及超车或者遇有紧急情况时，应当减速慢行，并鸣喇叭示意。除非有规定禁止鸣喇叭。

⑥ 车辆在道路上发生故障，需要停车排除故障时，驾驶人应当立即开启危险警告灯，将车辆移至不妨碍交通的地方停放；难以移动的，应当持续开启危险警告灯，并在来车方向一定距离设置警告牌等措施扩大示警距离。夜间还应当开启示廓灯和后位灯，必要时迅速报警。

⑦ 车辆从匝道驶入高速公路，应当开启左转向灯，在不妨碍已在高速公路内的车辆正常行驶的情况下驶入车道。车辆驶离高速公路主车道之前，应当开启右转向灯，驶入减速车道，降低车速后驶离。

(4) 高速公路行驶时的操作要求

① 在高速公路上行驶的小型载客汽车最高车速不得超过120km/h，其他车辆不得超过100km/h。

② 车辆在高速公路上行驶，车速超过100km/h时，应当与同车道前车保持100m以上的距离，车速在100km/h以内时，与同车道前车距离可以适当缩短，但最小距离不得小于50m。

③ 同方向有2条车道的，左侧车道的最低车速为100km/h；同方向有3条以上车道的，最左侧车道的最低车速为110km/h，中间车道的最低车速为90km/h。道路限速标明的车速与上述车道的最低车速的规定不一致的，按照道路限速标志标明的车速行驶。

学车提示

车辆在高速公路上行驶，还应禁止下列驾驶行为：

① 倒车、逆行、穿越中央与隔离带掉头或者车道内停车。

② 在匝道、加速车道或者减速车道上超车。
③ 非紧急情况时在应急车道行驶或者停车。
④ 试车或者学习驾驶机动车。
⑤ 在高速公路上行驶的载货汽车车厢载人。

2. 恶劣气象条件道路驾驶

(1) 雨天行驶时的操作

雨天行车，视线不良，道路湿滑，车轮与地面的附着力下降，行驶时应加大车距，避免紧急转向和紧急制动。

① 通过街道时，应注意非机动车和行人的动态。

② 在大雨天气驾车，减速慢行。当刮水器无法刮净雨水时，应当立即靠边停驶。

③ 遇暴雨或特大暴雨时，应选择安全地点停车，并开启危险警告灯示意来往车辆。

④ 雨中行车光线较暗，有时还会同时伴有一定的雾气，能见度差。因此，即使是在白天也应打开近光灯和防雾灯提高驾驶路面的能见度。

雨天行驶时的操作

⑤ 此外，山区公路可能会出现路肩疏散和堤坡坍塌现象，行车时应选择道路中间坚实的路面，避免靠近路边行驶。

(2) 雾天行驶时的操作

① 在雾天驾驶机动车，需打开前、后雾灯，靠右行驶，与其他车辆及行人保持充分的安全距离。大雾天气由于能见度极低，应密切注视前方交通情况，适当鸣喇叭以引起过往机动车、行人注意，保持低速行驶。

② 在雾天尾随行车时，应密切注意前方交通动态，保持较大的

尾随间距。由于雾天能见度低，驾驶机动车时，应严禁超越机动车。在超越路边停放的机动车时，注意道路左侧的交通情况，鸣喇叭，做好随时停车的准备，切忌盲目超越。

雾天行驶时的操作

③ 在雾天会车，应关闭前、后雾灯，以免给对方造成眩目，同时加大侧向间距，低速行驶，会车后打开前、后雾灯。

(3) 冰路行驶时的操作

① 在一般结冰道路上行驶，需装上防滑链，平稳操作。

② 会车时要选择安全地段，提前避让，必要时停车让行。会车不要太靠近；不可猛抬或急踩踏板，尽量利用发动机的牵阻作用减速。

③ 在结冰的山路上行驶，要装防滑链，根据冰层厚度、坡度大小和坡路长短决定是否可以通行；上坡避免减档，下坡时尽可能利用发动机的牵阻作用；下坡陡需用行车制动器控制车速时，应采取点制动。

冰路行驶时的操作

(4) 雪路行驶的操作

① 用道路两旁的树木、电线杆等参照物判断行驶路线，握稳转向盘，尽量选择路中央或积雪较浅的地方慢行，如行车时间较长，要佩戴有色眼镜，以防雪光伤眼。

② 在弯路、坡道等危险地段行驶时，应侧重注意选择行驶路线，必要时可以停车勘察路况。如道路上已有车辙，应循车辙行驶；行驶

中不可急转急回转向盘，以防偏出车辙而打滑或下陷。

③ 在雪坡道行驶时，应提前换入低速档，上坡中避免换档；加速时不可过急，否则会导致车辆后溜，如车辆已后溜，应先使车辆后倒，然后停车再重新起步。起步时应缓慢，均匀踏下加速踏板，不可过急或断续加速。

④ 行驶中应尽量利用发动机的牵阻作用控制车速。必须使用行车制动器时，应在不踏离合器踏板的情况下，间断轻踏制动踏板。

⑤ 在雪路上遇对方来车，应选择比较安全的地方会车，必时可在较宽的地段停车让行，然后再行驶。

雪路行驶的操作

⑥ 严寒天气需长时间停放车辆，应选择无冰雪的路面停车，无上述条件时，可清除车轮下的冰雪，以免轮胎与地面冻结在一起。如车胎结冰，则须挖开轮胎周围冻结的冰雪和冰土再行驶，切勿强行起步，以免损伤轮胎和传动机件。

(5) 炎热天气行驶时的操作

① 行驶中要注意防止发动机过热，随时注意冷却液温度表的读数，不要超过 95℃。如果温度过高要及时选择阴凉处停车降温，必要时可掀起发动机盖以利通风散热。

在阴凉处停车降温

② 经常检查发动机冷却液储液罐的液位，如果液位过低要及时补充，并随时清洁散热器外表的尘土。在打开散热器盖添加冷却液时，

要防止烫伤。不得在发动机高温下熄火加注冷却液，要等待冷却后补充。

③ 燃料供给系发生气阻时，应停车降温。

④ 发动机水套内积垢过多时，要及时清除。不要使发动机长期处在高负荷状态下工作。保证润滑油充足，质量符合标准。

⑤ 发现胎温、胎压过高时，应选择阴凉处停息，让其自然恢复正常，不可采取放气或泼冷水的方法降温、降压。

⑥ 要注意监视制动效能，谨防制动轮缸皮碗（液压制动）膨胀变形和制动液汽化造成制动失灵。长下坡要注意途中停车以自然降低制动器温度，保证制动效能良好。制动器温度过高时，切不可用冷水浇泼，以防制动器裂损。

⑦ 蓄电池电解液由于炎热容易损耗，应定期检查，不足时加注。

⑧ 炎热气候下，路面上的尘土较多，尘土的小颗粒对路面附着系数有很大影响。沥青路面在太阳暴晒下会变化，制动时，表面的沥青会粘在车轮上而被揭起，降低了制动性能。因此，对制动距离应做适当的延长，以防制动失误，造成交通事故。

(6) 大风天气行驶时的操作

大风天气行车，由于风速和风向往往不断地发生变化，当感到车身左右抖动时，一定要双手握稳转向盘并减速，控制好车辆的行进方向。

① 顺风时机动车速度较快，要减速慢行，不要争道抢行。

② 逆风时机动车行驶要注意骑车人，因为骑车人为减少阻力，一般是埋头骑行，很少抬头，必要时靠边停车避让。

大风天气行驶时的操作

③ 遇横风时，当机动车行驶方向发生明显偏离，驾驶人应迅速减速慢行，握稳转向盘，适当地慢慢修正。当机动车速度较快时，可以适当地连续轻踩制动踏板，禁止使用紧急制动和猛转动转向盘。

3. 复杂道路条件道路驾驶

(1) 通过桥梁时的操作

① 机动车通过桥梁时，应注意桥头附近交通标志，遵守其规定，且与前车保持一定的安全距离，减速慢行。

② 遇到窄桥时，应尽量避免在桥头换档、制动、会车和停车。

③ 通过漫水桥、便桥、浮桥以及一些简易桥梁时，应当停车观察，确认安全后，在引导下低速通过。必须让车上所有乘员下车步行通过，避免发生意外事故。

④ 通过有冰雹、泥泞的桥梁时，过桥前应对桥面情况进行勘查，必要时在桥面铺垫一些防滑物品，而后选择桥面中间缓慢通过。

通过桥梁时的操作

(2) 通过隧道、涵洞时的操作

① 通过隧道、涵洞前，应观察交通标志和标线的规定，重点注意检查装载高度是否在规定的范围之内。

② 进入隧道、涵洞时要减速通行，并且禁止在隧道、涵洞内随意停车。

③ 通过单行隧道时，机动车要在接近隧道口提前降低车速，观察对面有无来车，可适当鸣喇叭，开启前后灯光，缓行通过；若发现对面有来车，应及时在隧道口外靠右停车避让，待来车通过或见放行信号时，再驶入隧道；当遇有信号灯控制的隧道时，应严格遵守红灯停车、绿灯通行的原则。

通过隧道、涵洞时的操作

④ 通过双行隧道时，机动车要将速度控制在适当范围，开启示

廓灯和近光灯。会车时要放慢速度，尽量靠右行驶。不可在会车时使用远光灯，不要鸣喇叭，不要超车。

(3) 山区行驶时的操作

① 选择合适档位运行，不超车、占道、超速行驶。严禁熄火滑行、空档滑行或高速档运行，下坡时严禁超车、长时间制动。

② 坡道换档时动作要准确。上长坡时，应根据坡度的大小，合理利用档位，使车辆保持足够动力。当温度高时，应选择适当地点停车休息。在下坡中，由于制动器和制动片温度高，使制动效能减弱，所以应适当利用发动机的牵阻作用控制车速。

③ 在驾驶时应对道路宽窄、路面好坏、坡道大小和弯道急缓的情况判断准确，灵活掌握转向时机，并随时做好停车准备。通过陡坡时要以保持车辆有足够的行驶动力。在不得已的情况下，应立即停车，重新起步。若机动车熄火后向后溜，则要沉着处理，并迅速制动将车停住。

④ 要随时注意制动系统工作情况。采用气制动的机动车，驾驶人应随时注意气压表的指示值，保持足够的气压；采用液压制动的机动车要防止“气阻”，踩制动踏板无力时，则须停车检查。

山区行驶时的操作

⑤ 如遇制动失灵，则要沉着冷静，紧握转向盘靠山行驶，拉紧驻车制动器，必要时关熄发动机（一定要挂入档位），在运动中寻觅着山路两旁有利地形，逐渐贴靠石壁，使其停车。

(4) 泥泞及施工路段行驶时的操作

① 泥泞路面行驶尽量不换档。当车陷入泥泞路面后，应中低速行驶。

② 当两侧车轮都打滑时，整个车辆陷在泥泞路面后可以用千斤顶将机动车顶起，在车轮下垫上木板、石块之类的物品，再起动机动车。

③ 当发现有一侧轮胎在泥泞路中打滑时，轻拉驻车制动并加速。

因为拉驻车制动让一边打滑的轮胎停止空转，而另一边的车轮因加速增加驱动力，有利于驶出泥泞路。

④ 在泥泞路上转弯时，车速一定要慢，转向盘的回转动作要均匀和缓，不能急打转向，否则会加剧侧滑的危险；需要靠边时应提前减速，慢打转向从中间驶向路边；在转弯时，应尽可能避免使用紧急制动，以防出现侧滑事故。

泥泞及施工路段行驶时的操作

4. 紧急情况临危处置

(1) 车辆抛锚时的处置

① 将抛锚车辆移至道路或远离道路的右边允许停车的合适位置，如高速公路上，尽量设法将车辆离开高速公路。

② 白天在一般道路时要把三角警示牌立在车后 50m 的地方，如果是高速公路则要立在车后 150m 的地方；夜晚在一般道路需要把三角警示牌立在车后 100m 的地方，在高速公路则要立在车后 250m 的位置。

③ 为安全起见，不可让乘客留在车内或在车辆四周。若需留下帮忙，应站在距离来往车辆较远的一边，千万不要在道路上行走。

④ 如果车辆在半路上抛锚，驾驶人无法解决，应尽快致电 122 或 110 报警。

⑤ 如果车辆在隧道中抛锚，应该到最靠近的求救电话亭打电话向控制中心寻求支援。

⑥ 在万不得已的情况下，不要将车辆停留在危险或阻塞交通的位置上。

车辆抛锚时的处置

(2) 车辆爆胎时的处置

① 当轮胎发生爆胎时，不要慌忙，应沉着冷静，以防慌忙中向相反的方向急转转向盘或采取紧急制动，造成车辆成蛇形前进或者侧滑，甚至造成翻车或撞车的事故，而应迅速采取应急措施。

② 如果是前轮爆胎，要握紧转向盘，调整车头，动作要轻柔，不要慌张地反复猛打转向盘，以免汽车出现强烈侧滑甚至掉头。然后轻踩制动踏板，绝不可过于紧张而采取紧急制动，应使车辆缓慢减速，待车速降到适当的时候，平稳地将车辆停住。

③ 如果是后轮爆胎，车辆会呈现不稳定状态，会产生一股轻微的力量，使车辆倾向爆胎的一边。此时应该反复轻踩制动踏板，采用减档的方式将汽车缓慢停下。与前胎爆裂时一样，不要猛踩制动踏板，也不要迅速松开加速踏板，应逐渐减速来将车辆停住。

车辆爆胎时的处置

④ 车辆靠边停好后，立即开启危险警告灯，熄火并拉上驻车制动器。

⑤ 从后视镜观察后方确保没有来车后下车检查车辆情况，并尽快在车辆后方 150m 处放置三角警示牌。最好根据车辆的实际情况选择自行更换备胎或打电话寻求道路救援服务。

(3) 车辆行车制动失灵时的处置

① 在低速行驶的情况下，反复踩制动踏板，制动力可能会恢复，同时慢慢拉紧驻车制动器，打开危险警告灯，并鸣喇叭警示其他过往车辆，然后尽快送修理厂检修。

② 在高速公路上行驶，应使车辆驶离主干道至右侧停车道或空旷地带，试着用驻车制动停车，

车辆行车制动失灵时的处置

但动作不可过猛，以免损坏驻车制动器，造成更严重的后果。若车辆驻车制动器失效，应把变速器置于低速档，利用发动机的牵制力使车辆减速并停车。

③ 在一般公路或街道上行驶，不立即停车会出现大事故的情况下应将变速器挂入低速档并将发动机熄火。该方法可做到迅速停车，但有可能使变速器损坏。

④ 在山间或田野等路边有障碍物的道路上行驶，当使用其他方法不能停车时，可利用路边障碍物摩擦停车，如土墩、沙子、树木等。

(4) 发动机突然熄火的应急处置

① 在行车途中，因车辆故障或驾驶失误等导致发动机突然熄火，此时应开启右转向灯，将车缓慢滑行到路边停车，检查熄火原因，如蓄电池电量不足可以求助过路车辆跨接起动。

② 当车辆通过铁路道口时，在火车行驶区域内发动机突然熄火，且一时发动不着。此时，驾驶人应设法使车辆迅速离开轨道，以免汽车与火车相撞。其应急措施有：一是让乘员迅速下车，用人力将车推至安全区；二是调用其他车辆将故障车拖走；三是挂入 1 档或倒档，借助起动机的动力将车驶离道口。

求助过路车辆跨接起动

(5) 车辆发生火灾的应急处置

① 行车途中车辆突然起火，驾驶人应立即熄火、切断燃油和电源，关闭点火开关后，立即让车内人员离开车身。若因车辆碰撞变形、车门无法打开，则可从前后风窗玻璃或车窗处脱身。

② 当车辆在加油过程中失火，要立即停止加油，迅速将车开出加油站，用灭火器或衣服等将燃油箱上的火焰扑灭；如果地面有流散的燃料在燃烧，应用灭火器或沙土将火扑灭。燃油箱着火后，应用两个以上的灭火器从左右或多方向将火围住进行扑救，千万不要用水浇

或拍打。

③ 当人身已经着火时，应采取向水源处滚动的姿势，边滚动边脱去身上的衣服，注意保护好露在外面的皮肤和头发。离开车辆后，不要着急脱掉粘在烧伤皮肤上的衣服，大面积的烧伤可用干净的布单或毛巾包扎。与此同时，没受伤的人员要尽快用灭火器、沙土、衣物或篷布蒙盖，使车辆灭火，但切忌用水扑救。

车辆发生火灾的应急处置

④ 对于发生火灾较大的车辆，应该立即拨打火警电话“119”。

(6) 车辆发生侧翻的应急处置

① 当驾驶人感到车辆不可避免地要倾翻时，应紧紧抓住转向盘，两脚踩住制动踏板，使身体固定，随车体翻转。如果车辆侧翻在路沟、山崖边上，应判断车辆是否还会继续往下翻滚。在不能判明的情况下，应维持车内秩序，让靠近悬崖外侧的人先下，从外到里依次离开。否则，车辆产生重心偏离，会造成继续往下翻滚。

② 如果车辆向深沟翻滚，所有人员应迅速趴到座椅上，抓住车内的固定物，稳住身体，避免身体在车内滚动而受伤。翻车时，不可顺着翻车的方向跳出车外，防止跳车时被车体压伤，而应向车辆翻转的相反方向跳跃。若在车中感到将被抛出车外，应在被抛出车外的瞬间，猛蹬双腿，增加向外抛出的力量，以增大离开危险区的距离。落地时，应双手抱头顺势向惯性的方向滚动或跑开一段距离，避免遭受二次损伤。

车辆发生侧翻的应急处置

③ 车辆在行驶中一旦制动失灵，乘员绝不能盲目跳车。因为驾驶人会减档降低车速，如减档失败，驾驶人应将车辆开到靠近山体的一边去，必要时用车体侧面与山体刮撞，所以，乘员应该抓紧车内的固定物，以减轻对人体的伤害。

(7) 车辆落水的应急处置

① 车辆翻进河里，若水较浅，没有淹没全车，应待车辆稳定以后，再设法从安全的出处离开车辆。若水较深，先不要急于打开车门和车窗玻璃，因为这时车门是难以打开的。此时，车室内的氧气可供驾驶人和乘员维持 5 ~ 10min，先将头部保持在水面上，同时深吸一口气，再迅速用力推开车门或打碎玻璃逃生。若车辆没有完全下沉，有天窗的车辆可以先敲碎天窗，再从天窗逃出。

② 如果岸边无人救护，掉到水里的人应尽量采用仰卧位、身体挺直、头部向后，这样可使口、鼻露出水面，继续呼吸。如果是公共汽车或载有儿童的车辆，可手牵着手、牵着衣服、牵着脚，形成人链，一起脱离车辆逃出水面。

车辆落水的应急处置

(8) 车辆发生碰撞的应急处置

① 当车辆不可避免地发生正面碰撞时，驾驶人应紧急制动，减少正面碰撞力。

② 当迎面碰撞的主要方位不在驾驶人一侧时，驾驶人应用手臂紧握转向盘，两腿向前踏直，身体后倾，保持身体平衡，以免在车辆撞击的一瞬间，头撞到风窗玻璃上而受伤。

③ 如果迎面碰撞的主要方位在临近驾驶人座位或者撞击力度大时，驾驶人应迅速躲离转向盘，将两脚抬起，以免受到挤压而受伤。

5. 交通意外处置常识

(1) 交通意外处置原则

1）立即停车

在汽车运行安全的情况下立即停车，将发动机熄火（以免汽车起火）并打开危险警告灯使其闪亮；立即记下对方车的牌号，以防对方在出交通事故后逃逸。

2）发出警示

保护好现场；向其他车辆发出警告，亮起危险警告灯；在路上摆放三角警示牌；如有需要，再用其他方式警示。

3）立即打电话报警

需要求救时，派人去求救或使用身边的移动电话，在高速公路上可使用路边的求救电话。求救时详细说明发生意外的地点等情况。

4）报案

轻微交通事故可进行快速处理或自行前往交通事故报案中心报案。重大交通事故，应立即报警，详细说明事故发生地点，等待交通警察查现场。

(2) 伤员自救与急救方法

1）昏迷不醒伤员的急救

抢救昏迷失去知觉的伤员，要先检查伤员呼吸，再进行救护。搬运昏迷或有窒息危险的伤员时，要采用侧卧的方法。

2）失血伤员急救

抢救或处理失血伤员，首先是利用外部压力，使伤口流血止住。采用指压止血法为动脉出血伤员止血时，拇指压住伤口的近心端动脉，然后用绷带进行包扎，在没有绷带的情况下，可用毛巾、手帕、床单、长筒尼龙袜子等代替。救助失血过多出现休克的伤员，要采取保暖措施，防止热损耗。

昏迷不醒伤员的急救

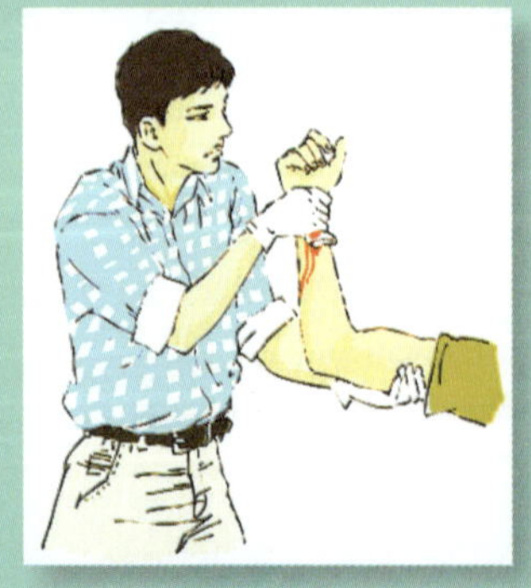

失血伤员急救

3）烧伤者急救

救助烧伤者的正确措施是迅速扑灭衣服上的火焰，向身上喷冷水，脱掉烧着的衣服或者让烧伤者就地打滚。

烧伤者急救

4）中毒伤员的急救

救助有害气体中毒伤员时，要在第一时间迅速将伤员移到有新鲜空气的地方，以防止继续中毒。

5）骨折伤员的急救

抢救骨折伤员时，为防止骨折伤员休克，不要移动伤员身体的骨折部位。

① 对无骨端外露骨折伤员的肢体，用夹板或木棍、树枝等固定时要超过伤口上、下关节。

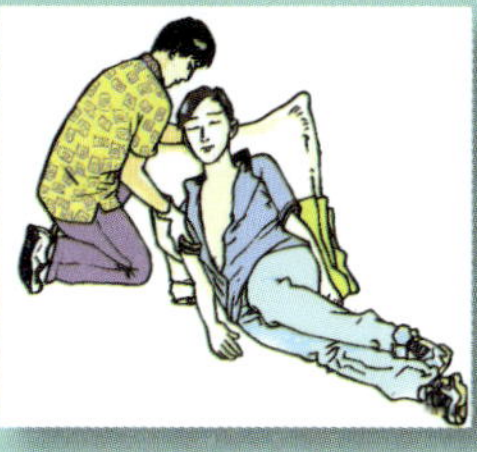

中毒伤员的急救

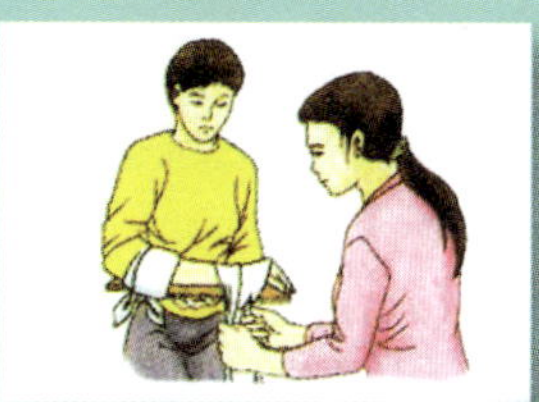

用夹板等固定伤口

② 伤员大腿、小腿和脊椎骨折时，一般就地固定，不要随便移动伤员。

③ 伤员骨折处出血时，先止血并消毒包扎伤口，然后再固定。伤员四肢骨折有骨外露时，可用敷料包扎以减轻痛苦和伤势。

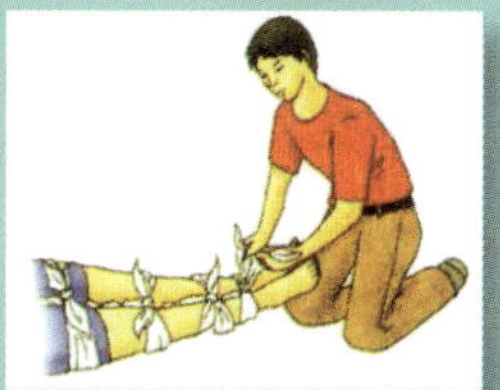

小腿和脊椎骨折固定

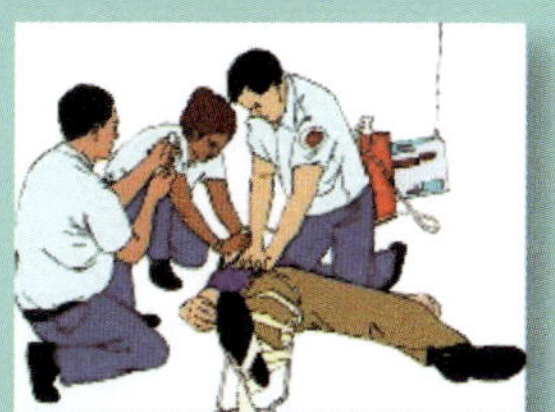

先止血并消毒包扎

④ 抢救脊柱骨受伤的伤员时，用三角巾固定。移动时，切勿扶持伤者走动，要用硬担架运送；把骨折伤员抬上担架时，要遵循医护工作者的指导，由三名救护人员把手托放在伤员身下，一起将伤员抬上担架。

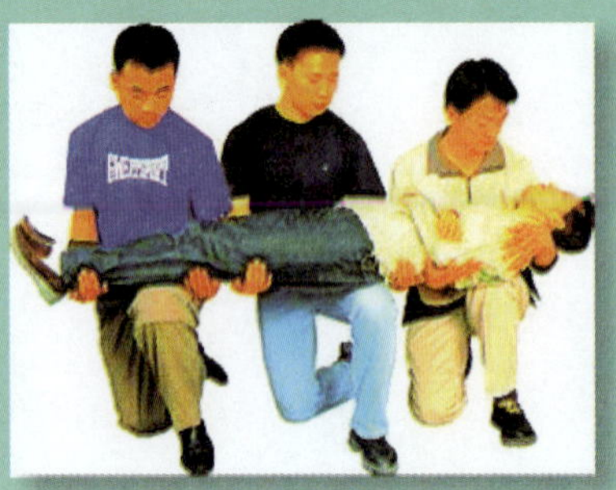

平移伤员

第9章

科目四　考试模拟题

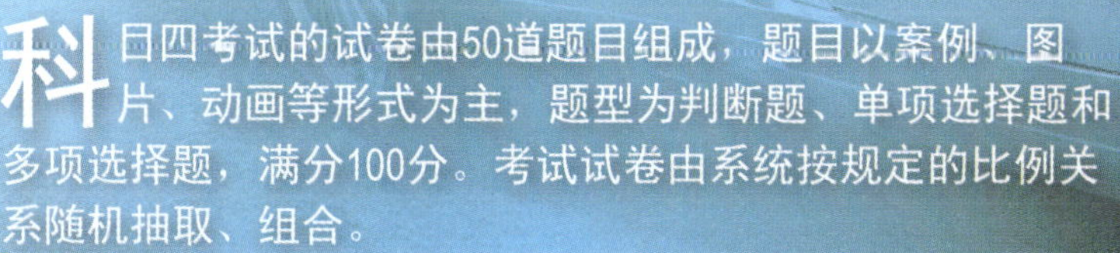

科目四考试的试卷由50道题目组成，题目以案例、图片、动画等形式为主，题型为判断题、单项选择题和多项选择题，满分100分。考试试卷由系统按规定的比例关系随机抽取、组合。

学习期间，不要试图理解考试辅导教材内容后再去做科目四模拟试题，应该一边看考试辅导教材，一边做模拟试题，边做边背答案，最后在看完考试辅导教材后再去做模拟试题。考试过程中，答题不要着急，检查之后再进行下一题。特别是多项选择题，要防止漏选，看清楚各个条件逐一筛选。总之在考试过程中做到认真、细心就能够顺利通过科目四考试。

1. 科目四　考试模拟题（一）

（1）判断题

1. 在行驶中，驾驶人在注意与前车保持安全距离的同时，也要谨慎制动，防止被后车追尾。（√）

2. 该车道路面导向箭头提示前方道路需向左合流。（√）

3. 右侧标志提示一切车辆都不能驶入。（√）

4. 右侧标志提醒前方路面不平。（√）

5. 驾驶机动车在路口看到这种信号灯亮时，要加速通过。（×）

6. 前方标志预告高速公路终点距离信息。（×）

7. 路缘石的黄色实线指示路边允许临时停、放车辆。（×）

8. 驾驶机动车在这个路口允许掉头。（×）

9. 造成这起事故的主要原因是机动车未按规定避让行人。（√）

10. 驾驶机动车在这样的道路上只能从左侧超越。（√）

11. 右侧标志提醒前方是非机动车道。（ × ）

12. 行车中当机动车突然爆胎时，驾驶人切忌慌乱中急踩制动踏板，尽量采用抢挂低速档的方法，利用发动机制动使机动车减速。（√）

13. 机动车可以选择交叉路口进行倒车。（ × ）

14. 驾驶机动车遇到校车在道路右侧停车上下学生，同向只有一条机动车道时，后方机动车应当停车等待。（√）

15. 路右侧白色矩形虚线框内表示允许长时间停车。（ × ）

（2）单选题

16. 在山区冰雪道路上遇到这种前车正在上坡的情况如何处置？（A）

A. 前车通过后再上坡

B. 迅速超越前车上坡

C. 低速超越前车上坡

D. 紧随前车后上坡

17. 驾驶机动车在这种山区弯道怎样转弯最安全？（B）

A. 靠弯道外侧行驶

B. 减速、鸣喇叭、靠右行

C. 借用对向车道行驶

D. 靠道路中心行驶

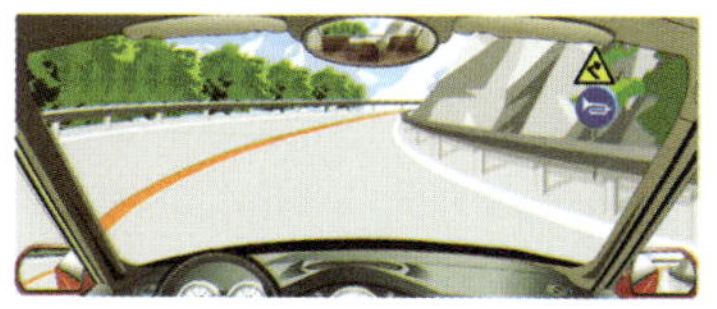

18. 驾驶机动车在这种道路上怎样行驶最安全？（C）

A. 尽快加速超越前车

B. 鸣喇叭让前车让路

C. 保持距离跟车行驶

D. 从前车的右侧超越

19. 在这种情况下驾驶人需要注意什么？（A）

A. 左侧机动车　　B. 右侧机动车

C. 后方机动车　　D. 前方机动车

20 驾驶机动车遇到这种山路怎样通过？（D）

A. 前方左侧是傍山险路

B. 靠路左侧行驶

C. 选择路中心行驶

D. 靠右侧低速通过

21. 在泥泞路段行车容易出现什么现象？（B）

A. 行驶阻力大　B. 车轮侧滑

C. 机动车颠簸　D. 方向失控

22. 高速公路行车紧急情况避险的处理原则是什么？（B）

A. 先避车后避物

B. 先避人后避物

C. 先避车后避人

D. 先避物后避人

23. 在这种情况下从主路进入辅路怎样汇入车流？（A）

A. 注意观察减速慢行

B. 加速进入辅路行驶

C. 从红车后汇入车流

D. 从红车前汇入车流

24. 驾驶机动车驶近前方主支干道交汇处要注意什么？（B）

A. 保持正常速度行驶

B. 提前减速，注意机动车

C. 鸣喇叭，迅速通过

D. 提前加速，快速通过

25. 机动车在夜间临时停车时，应开启什么灯？（C）

A. 前后防雾灯、示廓灯和后位灯

B. 前照灯、示廓灯和后位灯

C. 危险警告灯、示廓灯和后位灯

D. 倒车灯、示廓灯和后位灯

26. 驾驶机动车在这种情况下怎样安全行驶？（C）

A. 加速抢先绕过障碍物

B. 占对向车道迫使对向让道

C. 停车让对向来车优先通行

D. 鸣喇叭或开启前照灯

27. 驾驶机动车遇到这种情形应该注意什么？（B）

A. 预防机动车侧滑

B. 预防行人横穿

C. 尽快加速通过

D. 持续鸣喇叭

28. 行车中遇救护车从本车道逆向驶来时，要怎样做？（A）

A. 靠边减速或停车让行

B. 占用其他车道行驶

C. 加速变更车道避让

D. 在原车道内继续行驶

29. 在高速公路行车选择什么地方停车？（A）

A. 服务区　B. 加速车道

C. 减速车道　D. 匝道

30. 驾驶机动车进入高速公路加速车道后，尽快将车速提高到多少？（D）

A. 30km/h 以上　B. 40km/h 以上

C. 50km/h 以上　D. 60km/h 以上

31. 驾驶机动车在交叉路口遇到这种情况如何对待？（B）

A. 直接进入路口内等待

B. 在路口停止线外等待

C. 从右侧非机动车道通过

D. 借对向车道通过路口

32. 驾驶汽车在进出隧道时应注意什么？（D）

A. 开启远光灯　B. 适当提高车速

C. 关闭近光灯　D. 提前降低车速

33. 驾驶机动车在这个位置怎样安全通过？（D）

A. 加速从行人前通过

B. 从行人后绕行通过

C. 减速、鸣喇叭示意

D. 停车等待行人通过

34. 机动车驶近坡道顶端等影响安全视距的路段时，要如何保证安全？（C）

A. 快速通过

B. 使用危险警告灯

C. 减速慢行并鸣喇叭示意

D. 随意通行

35. 机动车在紧急制动时 ABS 系统会起到什么作用？（B）

A. 缩短制动距离

B. 保持转向能力

C. 减轻制动惯性

D. 自动控制方向

36. 在这种气象条件下起步要注意哪些方面？（B）

A. 开启远光灯

B. 开启前后雾灯

C. 只能开启左转向灯

D. 长时间鸣喇叭

37. 夜间驾驶汽车在人行横道前遇行人横过时怎样行驶？（D）

A. 交替变换远近光灯绕过行人

B. 开启近光灯绕过行人

C. 使用远光灯绕过行人

D. 停车让行人优先通过

38. 驾驶机动车在这种情况下正确的做法是什么？（C）

A. 立即超越

B. 连续鸣喇叭提醒

C. 保持安全距离超越

D. 鸣喇叭加速超越

39. 驾驶机动车遇到这种情况怎样应对？（D）

A. 连续鸣喇叭警告

B. 加速从前方绕过

C. 出现危险再减速

D. 主动减速让行

40. 驾驶机动车怎样经过公路跨线桥？（C）

A. 加速行驶，尽快通过

B. 车速控制在15km/h以内

C. 按照标志限定速度行驶

D. 尽量靠桥中心行驶

（3）多选题

41. 驾驶机动车在居民区遇到这种情形，应如何安全驾驶？（BD）

A. 紧跟其后行驶

B. 低速慢行

C. 连续鸣喇叭示意

D. 保持必要的安全距离

42. 雨天驾驶机动车减速慢行的主要原因是什么？（ACD）

A. 影响驾驶人视野

B. 过快的速度会使得机动车油耗增加

C. 制动距离会增大

D. 紧急制动易发生侧滑

43. 驾驶汽车在道路上临时停车怎样选择停车路段和地点？（ACD）

A. 路面平坦坚实

B. 可以随意停放

C. 无禁止停车标志

D. 不妨碍交通

44. 关于超车，以下说法正确的是什么？ （ABD）

A. 超车前提前开启左转向灯，提醒前方被超车辆驾驶人

B. 切换远、近光灯提醒前方被超车辆驾驶人

C. 长时间鸣喇叭警示被超车辆驾驶人

D. 完成超车后并回行车道要开启右转向灯

45. 雨天驾驶机动车，不可以急踩制动踏板的主要原因是什么？ （AC）

A. 易导致后车追尾

B. 会相应增大油耗

C. 易产生侧滑

D. 会相应减少油耗

46. 在这种山区危险路段怎样安全会车？ （ABC）

A. 选择安全的地点

B. 做到先让、先慢、先停

C. 靠山体一侧的让行

D. 不靠山体一侧的让行

47. 机动车行驶时突然发生自燃，驾驶人采取的以下紧急避险措施中，正确做法是什么？ （BCD）

A. 用清水喷洒扑灭

B. 及时报警

C. 使用车内备用的灭火器灭火

D. 在来车方向设置警告标志

48. 这种情况下怎样安全驾驶？ （ABD）

A. 提前减速行驶

B. 观察交汇处车辆

C. 提前加速通过

D. 谨慎驾驶通过

49. 驾驶汽车超速行驶有哪些危害？ （ABCD）

A. 反应距离延长

B. 视野变窄

C. 容易造成交通意外

D. 制动距离延长

50. 雨天安全行车的注意事项是什么？ （ABCD）

A. 避免紧急制动、紧急转向

B. 保持足够的安全距离

C. 注意非机动车和行人动态

D. 选择安全车速行驶

2.科目四　考试模拟题（二）

（1）判断题

1. 驾驶机动车在高速公路减速车道行驶时要依次通行。 （√）

2. 图中标志表示前方路段会车时停

车让对方车先行。 （×）

3. 驾驶机动车遇到图中这种情况要靠右侧停车等待。 （√）

4. 图中标志预告前方距高速公路终点还有 2km。 （√）

5. 在高速公路上遇到紧急情况时不要轻易急转向避让。 （√）

6. 图中的前方标志预告距离下一左侧出口 1km。 （×）

7. 在交通事故现场，一旦遇到有毒有害物质泄漏，一定要第一时间疏散人员，并立即报警。 （√）

8. 图中左侧标志指示高速公路两个行驶方向的目的地。 （√）

9. 驾驶机动车在交叉路口遇到图中这种情况可以不让行。 （×）

10. 夜间在这种情况下跟车要注意观察前车信号灯的变化，随时做好减速或停车的准备。 （√）

11. 图中右侧标志警告前方路段要注意儿童。 （√）

12. 驾驶人下车前要观察后视镜和侧头观察左后侧情况。 （√）

13. 机动车 A 的行为是正确的。（×）

14. 该车道路面导向箭头提示前方道路右侧有路口。 （×）

15. 前方标志指示前方所要经过的重要地名和距离。 （√）

（2）单选题

16. 驾驶机动车遇暴雨，无法看清路面情况，以下做法正确的是什么？ （C）

A. 保持原速行驶

B. 减速行驶

C. 打开危险警告灯，将机动车停到路外

D. 减速行驶，不断鸣喇叭，提醒周边驾驶人

17. 行车中发现左侧轮胎漏气时怎样处置？ （A）

A. 慢慢制动减速

B. 迅速制动减速

C. 迅速向右转向

D. 采取紧急制动

18. 当机动车转向失控行驶方向偏离，事故已经无可避免时，要采取什么措施？ （A）

A. 紧急制动

B. 迅速转向进行调整

C. 迅速向无障碍一侧转向躲避

D. 迅速向有障碍一侧转向躲避

19. 使用已有裂纹或损伤的轮胎容易引起什么后果？ （B）

A. 向一侧偏驶　B. 爆胎

C. 转向困难　D. 行驶阻力增大

20. 在图中这种条件的道路上怎样安全行驶？ （D）

A. 靠路右侧转小弯

B. 靠弯路中心转弯

C. 借对向车道转弯

D. 靠路右侧转大弯

21. 立体交叉处这个标志提示什么？ （B）

A. 向右转弯

B. 直行和左转弯

C. 直行和右转弯

D. 在桥下掉头

22. 高速公路行车紧急情况避险的处理原则是什么？ （B）

A. 先避车后避物

B. 先避人后避物

C. 先避车后避人

D. 先避物后避人

23. 在图中这种情况下怎样会车最安全?（C）

A. 靠中心线行驶

B. 开前照灯行驶

C. 向路右侧避让

D. 向车左侧避让

24. 图中这个标志的含义是什么?（A）

A. 设有电子不停车收费（ETC）车道的收费站

B. 停车领卡标志

C. 服务区标志

D. 紧急停车带

25. 驾驶机动车驶入拥堵的环形路口，以下做法正确的是什么?（A）

A. 注意避让已在路口内车辆

B. 优先驶入环形路口

C. 鸣喇叭示意其他车辆让行

D. 超越前方车辆进入路口

26. 驾驶机动车在山区道路遇到图中这种情况怎样行驶?（C）

A. 靠路左侧，加速绕行

B. 停车瞭望，缓慢通过

C. 注意观察，尽快通过

D. 勤鸣喇叭，低速通行

27. 机动车在什么样的路面上制动时车轮最容易抱死?（C）

A. 混凝土路　　B. 土路

C. 冰雪路面　　D. 沙土路

28. 驾驶机动车下长坡时，车速会因为重力作用越来越快，以下控制车速方法正确的是什么?（B）

A. 空档滑行

B. 减档，充分利用发动机制动

C. 踏下离合器滑行

D. 长时间使用驻车制动器制动

29. 图中红框内所示车辆可以怎样行驶?（C）

A. 不可左转弯

B. 可以右转，但要避让同向直行车辆

C. 可以左转，但要避让对向直行车辆

D. 可以直行

30. 驾驶机动车在图中这种道路上怎样会车最安全?（B）

A. 靠路中心行驶

B. 靠路右侧行驶

C. 在路中间行驶

D. 靠路左侧行驶

31. 立体交叉处这个标志提示什么？（C）

A. 向右转弯

B. 直行和左转弯

C. 直行和右转弯

D. 在桥下掉头

32. 图中所示，驾驶机动车遇到前方车辆正在停车时，以下做法正确的是什么？（A）

A. 提前减速并停车等待

B. 借对向车道超越前车

C. 鸣喇叭催促前车让路

D. 继续行驶，靠近前车

33. 驾驶机动车在山区冰雪道路上遇前车正在爬坡时如何处置？（A）

A. 前车通过后再爬坡

B. 迅速超越前车爬坡

C. 低速超越前车爬坡

D. 紧随前车后爬坡

34. 驾驶机动车在冰雪路面怎样跟车行驶？（A）

A. 保持较大的安全距离

B. 开启危险报警告光灯

C. 不断变换前照灯远近光

D. 适时鸣喇叭提示前车

35. 驾驶机动车在距离隧道前多少米内不得停车？（B）

A. 30m　　B. 50m

C. 80m　　D. 100m

36. 在泥泞路段遇车后轮向右侧滑时如何处置？（B）

A. 继续加速　　B. 向右转向

C. 向左转向　　D. 紧急制动

37. 机动车上高速公路，以下哪种说法是错误的？（C）

A. 不可骑、轧车道分界线行驶

B. 不可在路肩上行驶

C. 可以在匝道、加速车道或者减速车道上超车

D. 不可学习驾驶

38. 行驶过程中遇前方有障碍物的情况怎么办？（A）

A. 减速靠右行驶

B. 抢在绿车前绕过障碍

C. 开启左转向灯

D. 借对向车道绕过障碍

39. 当高速公路上车辆发生故障时，人员应当疏散到图中哪个位置？（D）

A. 位置A　　B. 位置B
C. 位置C　　D. 位置D

40. 浓雾天气中驾驶机动车两车交会，以下做法错误的是什么？（D）

A. 适当降低行驶车速
B. 靠右行驶
C. 集中注意力驾驶
D. 使用远光灯，提醒对方车辆

（3）多选题

41. 机动车高速行驶中出现转向失控时，驾驶人要如何处置？（BCD）

A. 紧急制动
B. 抢换低速档
C. 合理使用行车制动和驻车制动，避免紧急制动
D. 开启危险警告灯

42. 驾驶汽车行车中怎样选择超车路段？（ABCD）

A. 视线良好　　B. 对面无来车
C. 路面无障碍物　　D. 道路宽直

43. 雨天影响安全行车的主要因素有哪些？（ABC）

A. 视线受阻　　B. 路面湿滑
C. 附着力变小　　D. 行驶阻力增大

44. 遇到图中这种同向行驶的非机动车时怎样行驶？（ABC）

A. 注意观察动态
B. 适当减速慢行
C. 保持安全间距
D. 鸣喇叭加速超越

45. 驾驶机动车在雨天行驶，驾驶人应当注意的是什么？（ABCD）

A. 视线不清，不能及时发现行人
B. 行人可能滑倒
C. 行人可能突然进入行车道
D. 行人可能会横过道路

46. 驾驶机动车遇到前方道路中间有停驶车辆时，以下可能出现的危险情形有哪些？（ABCD）

A. 前车左侧车门可能突然打开
B. 前车前方可能有行人横穿马路
C. 前车可能突然掉头
D. 前车可能突然倒车

47. 驾驶机动车遇到这种情况时，以下做法正确的是什么？（AD）

A. 停车等待动物穿过

B. 鸣喇叭驱赶动物

C. 下车驱赶动物

D. 与动物保持较远距离

48. 驾驶机动车驶近这样的山区弯道时，驾驶人应注意的是什么？（ABCD）

A. 对向可能有车辆驶来

B. 前方骑自行车者可能由于上坡等原因突然改变方向

C. 山区弯道可能转弯半径较小，车速过快容易引起车辆失控

D. 转弯后路面可能存在落石、凹陷等特殊路况

49. 驾驶机动车遇到这种情况时，驾驶人应注意的是什么？（ABCD）

A. 道路左侧儿童可能突然跑进路中

B. 前方行人可能未察觉有机动车驶近

C. 迎面来车可能造成会车困难

D. 右侧停放的机动车可能会突然起步

50. 驾驶机动车遇到这种情况时，驾驶人应注意的是什么？（ABCD）

A. 我方车辆灯光照向路外，前方即将进入弯道

B. 前方有灯光出现，可能即将发生会车

C. 左前方视线受阻，转弯后可能遇到突发情况

D. 为提高会车安全，改用远光灯

参 考 文 献

[1] 何乔义 . 学车考证易学通 [M]. 北京：化学工业出版社，2014.
[2] 张志刚 . 汽车驾驶一书通 [M]. 广州：广东科技出版社，2007.
[3] 张戌社 . 看图学汽车驾驶 [M]. 北京：化学工业出版社，2013.
[4] 段红江 , 等 . 汽车驾驶完全攻略 [M]. 北京：化学工业出版社，2011.
[5] 裴保纯 . 新版汽车驾驶员读本 [M]. 北京：机械工业出版社，2013.